酒とつまみのウンチク

居酒屋友の会［著］

PHP研究所

はじめに

「酒なくてなんの己が桜かな」

発酵という自然の働きは、私たち人間の食に大いなる恵みを与えてくれています。まず世界でいちばんポピュラーな発酵食品といえば、広い意味でのパンでしょう。

そしてパンと同様、あるいはそれ以上に古い歴史を持ち、人類の精神や文化にまで深い影響を及ぼしてきた発酵食品、それが酒なのです。

糖化したデンプンや果実の糖分が、酵母の働きでアルコールと二酸化炭素に変化する。仕組みとしては極めてシンプルなアルコール発酵は、古今東西の民族に数多くの名酒を造らせてきました。また度数の強い蒸留酒がさまざまな言語で「神の水」と呼び習わされてきた事実も、飲酒という行為の持つ非日常性とその魅力を如実に表しています。

ところで、これほど身近で日頃から口にしているのに、そのお酒のエピソード――来歴や造り方、こぼれ話などにはほとんど関心を払わないのが愛すべき酒飲みの実情です。いや、それもごもっともなご意見。「そんな小難しいこと気にしてたら、酒が不味くなる！」。そこでこの本は、一冊を一軒の居酒屋に見立て、酒やつまみに関するあれこれを思いつくままに並べてみました。アルコール発酵や蒸留の仕組みなど化学にまつわる基礎知識からちょっとしたエピソードまで、お酒の世界がますます楽しくなる新鮮なネタを味わっていただけるものと自負しております。

気のおけない居酒屋に立ち寄る感覚で、どうぞ「酒の肴になる酒とつまみの話」を心ゆくまでお楽しみください。ただし飲みすぎにはくれぐれもご注意を。

「酒のない国へ行きたい二日酔い」。ただしこれには下の句がありました。「また三日目に帰りたくなり」。

二〇〇九年新春

居酒屋友の会

酒とつまみのウンチク◉

目次

和風居酒屋編

日本酒について

ビールについて

焼酎について

箸休め・おつまみ編

洋風居酒屋編

ウイスキーについて

和風居酒屋編

日本酒について

そもそも「居酒屋」ってどんな店?

日本の酒といえばやはり日本酒である。そして庶民が日本酒を気兼ねせずに味わえる店は、なんといっても居酒屋である。ところで、酒好きの人間でもほとんど語源に思いを馳せることもなく、もはや日常語として使っている「居酒屋」とは元々どんな店を指しているのか、正しい定義はできますか。

「店先で酒を飲ませる酒屋。また、安く酒を飲ませる店」(『広辞苑』)と辞書には簡単に説明されている。いまでは和風のカジュアルレストランの趣がある居酒屋だが、元来は酒の小売りの店で、それが転じて安くお酒が飲める店ということになったのである。

居酒屋の発祥は江戸時代。江戸の町や漁港などの酒屋がルーツである。当時の酒屋では、小売りの業態は樽からの量り売りが主流だった。ガラス製の一升瓶の登場は明治時代である。いずれにせよ往時は客が容器を持参して、必要な分量を升《ます》で量ってもらって買っていたのである。

当時の江戸の町には独り暮らしの職人や労働者、浪人などが数多く住み、漁港には出稼ぎの漁師などやはり単身者が少なくなかった。家に帰っての一人酒はいかにもわびしいものである。そうした人々はいつしか酒屋の店先で、買った酒を飲むようになっていった。

そうなると酒屋は酒屋で「居酒致し候」などの張り紙をして、店で飲んでもかまいませんよとアピールするようになり、簡単なつまみなども出すようになっていった。これがまさしく居酒屋で、やがてはいまのような飲んで食べて楽しめる店となったのである。

最近はさすがに少なくなってしまったが、酒の小売り店の片隅にビールケースを重ねて作ったようなカウンターを設け、乾きもので立ち飲みできるお店がある。そんな立ち飲み屋こそ居酒屋の原型なのだ。

悪酔い・二日酔いはなぜ起きるのか

酒を飲まない、あるいは飲めない人にとって、義理でもつきあわざるを得ない酒席は苦痛なものである。しらふで酔漢《すいかん》の相手をするのは、自分が冷静であればあるほど白けるものだ。いや、飲む側の人間にそんな同情をされたところで、あまり嬉しくもないかもしれないが。

最近では「アルハラ」という言葉も出てきている。これはセクシュアル・ハラスメント（性的嫌がらせ）ならぬアルコホリック・ハラスメント（アルコールによる嫌がらせ）のこと。地位や立場の上位の者が、断りにくい部下や後輩に飲酒を強要することは、場合によっては命に関わる事故を引き起こすことにもなりかねない。

実際、大学の新入生歓迎コンパの「イッキ飲み」が原因で病院に担ぎ込まれたり、ひどい場合には昏睡から死に至る事故も、残念ながらあとを絶たないのが実情である。短時間にアルコールを大量に摂取すれば、並外れて酒に強い人でもない限り、まず間違いなく健康に悪影響が出る。

そして世の中には「イッキ」はおろか、奈良漬けをかじっただけで動悸がしてくるという下戸《げこ》もいる。こうした人は訓練する（つまり酒を飲む）ことによって、酒に強くなることはできるのだろうか。

ここにひとつの興味深いデータがある。それによれば酒に弱い人には化学的な根拠があるというのだ。

どんな種類の酒にも含まれている成分は、もちろんアルコールである。これが人間の体内に入ると、まずアセトアルデヒドという物質に変わる。さらにこれが体内のアルデヒド脱水素酵素（ＡＬＤＨ）の働きで水と炭酸ガスに分解されることで、ようやく酔いが醒めた状態になるわけだ。ただし、摂取したアルコールの量が多すぎて分解する能力を超えてしまえば、体内にはアセトアルデヒドが残った状態が続く。

このアセトアルデヒドには強い毒性があり、これが血管を通って体内を駆けめぐることにより、頭痛や吐き気などの悪酔いの症状を引き起こすのだ。死ぬほど後悔する「二日酔い」の原因もまさしくこれ。

さらに恨めしいことに、アセトアルデヒドをあっという間に除去できるような薬品や物質は存在しないため、ひとたび悪酔いしたり二日酔いになったりすれば、気長にというか苦しみつつ、アセトアルデヒドが分解されるのを待つほかないのである。経験者には身にしみてよくわかってもらえるはずだ。

飲める人と飲めない人の違いはどこにあるのか

さて、自業自得の暴飲で悪酔いする人はいざ知らず、世の中には体質的にアセトアルデヒドを分解しづらい人がいることが、近年の研究でわかってきている。結論からいってしまうと、日本人や中国人（漢族）や韓国人など、モンゴロイド系の人間には、体質的にアルコールの分解能力が低い人が多いのだ。

アセトアルデヒドを分解するのはアルデヒド脱水素酵素だが、これには1型と2型がある。ところが日本人の約四〇パーセントの人はＡＬＤＨ２の働きが弱い「低活性型」と呼ばれるタイプで、四パーセントはＡＬＤＨ２を持っていない「不活性型」と呼ばれる人なのだという。特に不活性型の人は、訓練しようがどうしようが、文字どおりアルコールを受け付けない体質だ。そんな人が無理に飲酒すれば極めて危険なことになりかねないので要注意だ。

ところで、自分がどのタイプのＡＬＤＨ２を持っている（いない）のかを手軽に検査できるパッチテストがある。独立行政法人国立病院機構久里浜アルコールセンターの樋口進先生考案のものだが、簡単に試せるので紹介しておこう。

【用意するもの】

①パッチテープ＝市販の救急絆創膏（バンドエイドなど、ガーゼの部分に薬品がついていないもの）

②消毒用のアルコール

【テストの方法】

①パッチテープに消毒用アルコールを数滴しみ込ませる。
②テープを上腕の内側に貼る。
③テープを七分後にはがし、五秒以内にガーゼが当たっていた部分の肌の色を見る。
④そのままさらに一〇分後に、もう一度はがした部分の肌の色を見る。

【評価の方法】

①はがした直後に肌が赤くなっている場合は「ＡＬＤＨ２不活性型」
②はがした直後は変化はないが、一〇分後には赤くなっている場合は「ＡＬＤＨ２低活性型」
③肌の色に変化がない場合は「ＡＬＤＨ２活性型」

まあ「不活性型」の人であれば、テストしてまで結果を出さなくても、日頃からお酒は飲めないだろうから、そういう意味では問題ない。自分が「低活性型」だと判定できた人は、飲みすぎは大変危険だという自覚を持って欲しい。めでたく「活性型」の、酒に強い人間だとわかったあなた。喜ぶ気持ちはよくわかるが、アルコール依存症（アル中）や酒の飲みすぎが原因の成人病に、もっともかかりやすいタイプであるということをお忘れなく。ちなみに欧米人や中東、アフリカの人々には「低活性型」「不活性型」はほとんど見られないという。

コップ酒の下に皿を敷いて注ぎこぼす習慣はどこから？

大所高所《たいしょこうしょ》から（？）アルコールと体質の問題を考察したあとにいきなり卑近な話題で恐縮だが、なぜ居酒屋ではコップ酒の下にソーサーともいうべき小皿を置いて注《つ》ぎこぼすのだろうか。なかには升の中にコップを置き、ドクドクと酒をあふれさせる店もある。

和風の飲食店のうち、こうした習慣を持っているのがどんな店かを考えれば、なぜ注ぎこぼしが始まったのかは明らかだ。例えば寿司店や割烹や料亭で、お酒を注ぎこぼしてくれるところはまずないだろう。

寿司という食べ物は屋台からスタートした江戸時代のファーストフードだったのだが、いまや高級な寿司屋ともなれば、おいそれとは足を踏み入れづらいご威光満点。まして料亭などといわれた日には「一見《いちげん》さんお断り」「政財界のエライさん御用達《ごようたし》」の、庶民とは無縁の世界である。

和風の店には、一種の法則がある。それは店が高級になればなるほど、酒の器は小さく

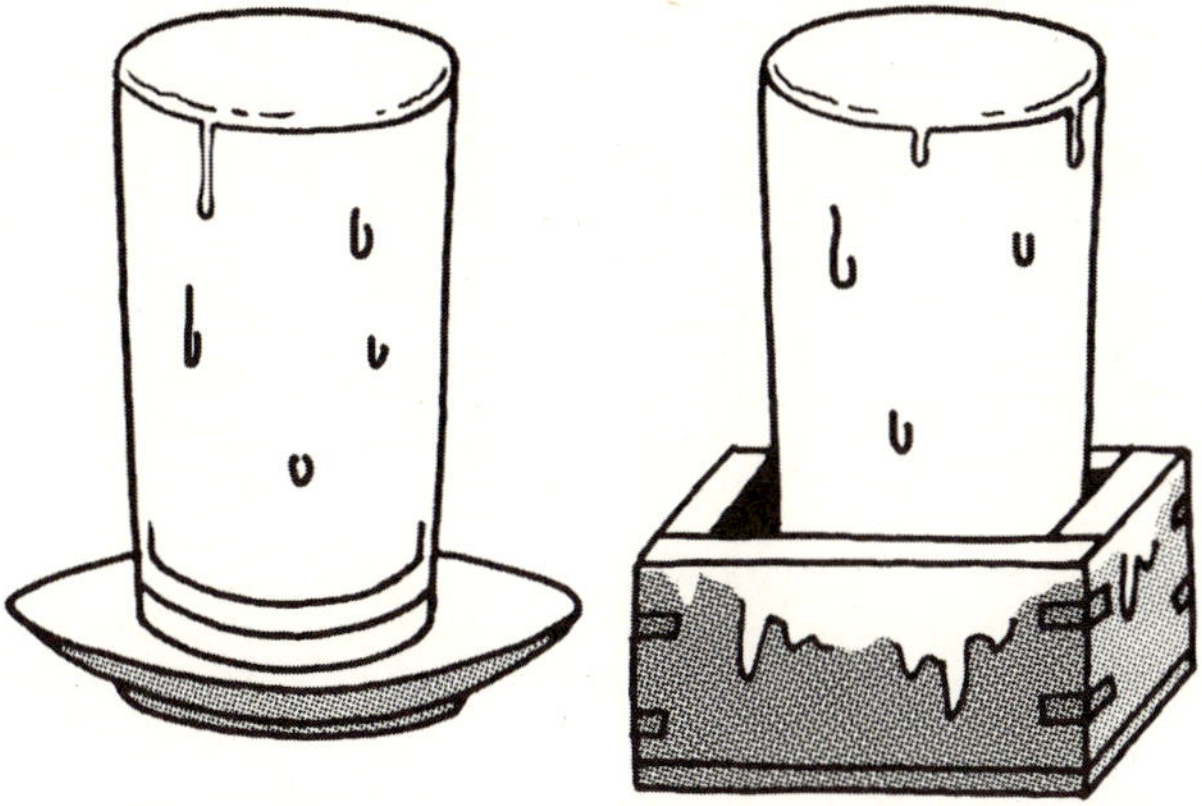

代表的な注ぎこぼしの例

なるというもの。レストランの赤ワイングラスは店が高級になるほど大きくなるが、それとはまったく逆の法則があてはまる。瓶ビールの大きさも同様だ。大衆的な居酒屋でビールを注文すれば、大瓶が出てくるのが当たり前。これがちょっと気取った寿司屋や割烹になると中瓶になり、高級クラブや料亭では小瓶に変化するのである。

日本酒だって同じことで、コップ酒がある＝安い店・庶民の店の証《あかし》なのだ。かつての立ち飲みの酒場や居酒屋のメインの客層は、間違いなく庶民の勤労者。注文する酒は量り売り感覚だから、ちょっとでもオマケされているほうがありがたい。逆にコップに満ち満ちていなかったりすれば即座にクレームがつくのが普通だった。表面張力でコップの上に盛り上がった酒を口でお迎えにいくのが、仕事帰りのコップ酒スタイルというものだ。

酒を出す店側としては、他店とのサービスの違いを強調できる、目にもハッキリとわかる方法が、コップからの注ぎこぼしだったのである。「ウチではギリギリどころか、あふれるまで注いでるよ」というわけだ。ただし、この習慣を最初に始めた居酒屋がどこかは定かではない。

しかしこのスタイルにも問題がなくはない。店員をはじめ複数の人の手先が触れたコップの壁面を伝わった酒、コップの底面が浸った酒を再び戻して飲むのは、率直にいっていささか不衛生である。そんな理由でこの注ぎ方に抵抗を感じている人も少なくはない。

さらにイジマシい酒飲みは、下の皿にあふれた酒の量を横目で他人と比較していたりするから、こうなると受け皿の枚数を増やすしか、飲兵衛を納得させる方法はないのかもしれない。

居酒屋の店先の茶色い球の正体は

居酒屋のシンボルといえば、なんといっても赤提灯《あかちょうちん》に縄暖簾《なわのれん》である。かつて縄暖簾には蠅《はえ》よけという機能も持たされていた。日も落ちた仕事帰りに、酒飲みを誘うような馴染みの店の赤い光に引き寄せられ、おでこと肩で縄暖簾をサッと開けて店に滑り込む。心弾むひとときである。

ところで、充実した日本酒の品揃えを売り物にした居酒屋などでは、この二点以外に玄関に茶色い球体を吊るした店がよくある。なかにはご丁寧に、球の上に小さな屋根までつけていたりする。居酒屋ばかりではなく、酒の小売店でも店先に掲げているところも少なくない。一瞬、スズメバチの巣か何かかと驚かされなくもないが、あのデコレーション(?)の正体をご存じだろうか。

正式な名前は「酒林《さかばやし》」である。俗に杉玉《すぎだま》ということからもわかるように、杉の葉を束ねて丸く刈り込み、球にしたものだ。元々は居酒屋の縁起物ではなく、造り酒屋がある出来事をアピールするために年末頃に門の前に掲げた、一種の看板のような存在だ。

その出来事とは、新酒の完成である。秋口に収穫された新米を使ったその年初めての酒ができたことを、緑も鮮やかな酒林が教えてくれるのである。居酒屋や酒屋の酒林は茶色いのが普通じゃないかって。もちろん造り酒屋ではないお店ではインテリアとして飾っていることがほとんどだから、杉の葉が枯れてしまっただけのことである。造り酒屋では毎年交換していくわけだ。茶色い杉玉が緑色に変わっていれば「今年の新酒ができました」ということになる。

酒林（さかばやし）

また酒林の素材とされる杉の木には、日本酒とは切っても切れない縁がある。明治以前の酒造りの桶や樽は木製だったが、その素材として使われていたのが殺菌効果のある杉だったのだ。最近では杉の容器はホーローやステンレスに取って代わられてしまったが、酒林だけは酒造りとよい酒のシンボルとして大切にされ続けているのである。

日本酒ができる仕組み

蒸留酒である焼酎やウイスキーは、理論上は純粋なアルコールに限りなく近い、高い度数にすることができる。ところが醸造酒である日本酒は、アルコール度数の高い生原酒にしても、せいぜい二〇度前後であることがほとんどだ。

アルコール発酵とは、酵母の働きで糖分をアルコールと炭酸ガスに変えていくことである。だったら元の糖分をどんどん補充すれば、ウイスキーなみにアルコール四〇度なんて日本酒も造り出せるのではないか。超高アルコール度数日本酒はどうして商品化されていないのだろう。

日本酒は醸造酒としてはアルコール度数が極めて高い酒類だが、実はこのあたりが醸造で得られる限界の度数なのである。

それを説明する前に、数十日もかかる酒造りの過程で、どうして水につけた米が腐りもせずうまく発酵できるのか、日本酒ができる仕組みからチェックしてみよう。そうすれば「日本酒の度数の限界」がなぜあるのかも、おのずと理解できるはずである。

ブドウのジュースやハチミツなどはそれ自体に糖分がたっぷりあるから、極端な話そこいらに放っておいても、空気中の天然酵母が作用すればそのまま酒になってしまう。ワインやハチミツ酒（ミード）は、人類が生まれる前から自然の中でできていたはずだ。

ところが穀物である米や大麦の場合、それ自体には糖分が含まれてはいないため、アルコール発酵のためには糖化させることが必要になってくるのだ。だからビールを造るときには原料の大麦を発芽させて麦芽にし、麦芽酵素の働きでデンプン質を糖化させていく。

日本酒の場合はまず米を蒸し、それに麹菌をまぶして仕込みのための麹を造る。麹菌にはデンプンを糖化させる働きがあるので、これでアルコール発酵の準備ができるわけだ。

そして桶に麹と水を入れ、さらに酵母と蒸し米（そして乳酸）を加えて酵母を増殖させたものを「酛《もと》」という。酛は「酒母」と表記されることもある。ちなみに乳酸をカッコで括ったことには意味がある。これについては「山廃《やまはい》」の項で詳しく述べる。酛は文字どおり日本酒の元である。これに麹と蒸し米と水を加える作業が「仕込み」で、いちばんポピュラーなのは「初添《はつぞえ》」「仲添《なかぞえ》」「留添《とめぞえ》」と三回に分けて仕込む「三段仕込み」だ。

こうして米と麹と酵母と水が一体となったものを「醪《もろみ》」という。日本酒のタンクの中では糖化と発酵が同時に起きているのである。これは醸造酒の中でも日本酒独自の発酵方法で、日本酒が醸造酒としては高いアルコール度数を得られるのもこの方法で造られているからだ。

なぜ日本酒造りのときに米は傷まないのか

愉快ならざる経験だが、蒸し暑い夏の室内に一日放置されていたご飯は、発酵ではなく単に腐敗が始まっていることが多い。それどころか、冷蔵庫に置き忘れた残り飯にも、気づいてみるとびっしりとカビが生えていたりするものだ。

このようにご飯は傷みやすいものだが、醸造の完成までに二カ月前後かかる日本酒造りの過程で、なぜ米は腐ってしまわないのだろうか。いや、実をいえば腐ってしまうこともあるのだ。これを腐造《ふぞう》といい、醸造者にとっては死活問題ともなりかねない。日本酒の技術向上の大きな成果の一つは、安全に酒造りができるようになったことであるともいえる。

こうした事故は除外して、基本的に寒い季節であるとはいえ、腐りやすい米が醸造の過程で傷まずにすむ理にかなった発酵の様子を見てみよう。

米が傷む、腐敗するのは、米に好ましくない細菌が繁殖してしまうからだ。酒造の過程ではこうした雑菌の繁殖を抑えてくれる、頼もしいガードがまず登場する。それが乳酸菌である。酛の中の麹菌が生み出す糖分は、まず酵母と乳酸菌の繁殖を助ける。あらかじめ醸造用の乳酸を酛に加えるのも、発酵の初期に乳酸菌を増殖させることで、他の雑菌が繁殖するのを抑えるためなのだ。

酵母も乳酸菌も、それぞれ糖分をアルコールに変えたり乳酸に変えたりしていくのだが、酵母の働きのパワーのほうが強力なので、やがて乳酸が繁殖するのに必要な糖分は酵母に奪われて少なくなってしまう。さらには醪の中の乳酸自体が乳酸菌の繁殖を抑えるようになり、酵母に花道を譲るという健気《けなげ》な働きをしていくのである。

余談ながら日本酒の濁り酒や、やはり米から造る醸造酒である韓国のマッコリ（どぶろく）などを飲むと、甘酸っぱい「ヨーグルトっぽい味」がすることがよくある。もちろんこれは乳酸菌の味が名残をとどめているからだ。

さて乳酸菌にガードされながら、次第に醪のアルコール度数が高まると、乳酸菌は減少しても今度はアルコールのせいで雑菌が繁殖しづらい環境になる。では糖分さえあれば、日本酒はどこまでもアルコール度数が高くなるのか。答えはもちろん「×」である。度数の限界は先述したように二〇度を超えたあたりで、アルコール度数が高くなると、今度は自分が造ってきたアルコールで酵母が弱ってきてしまうからだ。ちなみに、醪の中の糖分が少ないと酵母菌はそれをすべてアルコールに変えてしまうし、糖分が多ければ限界まで発酵してもなおアルコールに変えられなかった糖分がエキスとして酒に残ることになる。

もちろん前者が辛口、後者が甘口の酒なのである。とはいえ酒の甘辛はそれほど単純に決められるものでもないのだが。

日本酒の「甘口・辛口」は機械で計ることができる!?

前の項目で「酒の甘辛は単純には決められない」と書いておきながら、それを否定するような見出しになってしまった。実は日本酒の甘辛は機械で簡単に測定することができるのだ。ここでは日本酒を飲む人が大いに気にする「甘口」と「辛口」について考えてみたい。

とはいえ酒飲みを自認する人で「甘口がいい」という意見の人にはほとんどお目にかかったことがない。こういってはなんだが、猫も杓子も辛口志向の感がある。ならば甘口の日本酒は、味の落ちる酒なのか。いやそもそも日本酒の甘口・辛口とはなんなのか。

「甘いお酒が甘口で、辛いお酒が辛口でしょう」そんなシンプルな意見も聞こえてきそうだが、日本酒の甘口・辛口には、数値化できる目安がある。それが「日本酒度」というものだ。これはアルコール度数とは関係ありません。

「吟醸酒」などには、瓶の後ろ側にデータらしきものが貼られていることがある。杜氏《とうじ》の名前、使用米、精米歩合、日本酒度、そして酸度などが書き出されているのだ。「山田錦／精米歩合55％／日本酒度＋5・5／酸度2・2」といった具合である。

この「日本酒度」を見れば酒の甘さと辛さがわかるのである。プラスの数値が大きければ大きいほど辛口で、逆にマイナスが大きくなればそれは甘口。とはいえプラスマイナス0がニュートラルというわけではないので要注意だ。日本酒度が0というのは、その液体（つまり酒）が、水と同じ重さであるということを表している。

日本酒度は「日本酒度計」という機械（メーター）で、簡単に測定することができる。酒にこのメーターを浮かべれば、指針の部分が水面に出るが、その位置は液体の比重によって変わる。それを読み取るだけという、シンプルすぎるくらいシンプルな方法で、甘口・辛口の測定は可能なのだ。

それでは日本酒度計とやらは、まるで浮き秤、比重計のようなものではないか。ボーメ比重計とどう違うのか。実は日本酒度計、まるっきり比重計なのである。ボーメ比重計の目盛りを一〇倍細かくしたもの（わずかな比重差で浮き沈みが大きくなる）が一般的だ。

日本酒度計の目盛りは、酒の比重が軽いとプラスになり、重いとマイナスになる。それがどうして甘口・辛口の判定に使われるのか。つまり、重い酒には水とアルコール以外の成分が多く含まれていて、軽い酒には少ないからだ。そしてこのアルコール以外の成分の多くはエキスといわれる。エキスには糖分が多く含まれるので、必然的に酒は甘くなるというわけだ。

日本酒の甘口と辛口は簡単に測定できるというお話、ご理解いただけただろうか。と、こう引っ張ってきていうのもなんだが、やはり酒の甘辛はそれほど単純に決められるものでもない。一時期、日本酒度＝酒の目安ともてはやされたこともあるが、日本酒度でわかるのはあくまでも酒の「重い」「軽い」でしかないのである。味覚というのは多分に感覚的なものだし、例えば糖分が同じ酒があったとすると、大多数の人間の舌では酸味の強いほうを「辛口」と感じる。

したがって日本酒度はマイナスでも酸度とのバランスで甘く感じない酒もあれば、酸味が抑えられスッキリとした飲み口なため、日本酒度は高くとも飲むと甘く感じられる酒もあるということだ。

日本酒度は酒の甘い辛いを判断するための、有効なバロメーターの一つくらいに考えておくのが正解だろう。そうお断りしたうえであえて書けば、日本酒度がマイナスであれば甘口、プラス五以上であればかなり辛口と分類されることが多いのが現状だ。

「山廃」ってなんのこと?

プロの用語というか、専門用語を商品名に持ってくるのは、特に専門知識に対する興味が旺盛な日本人には有効な手だてのようだ。コマーシャルの手法としてもすっかり定着した感がある。

もちろん最初から専門知識のある素人が多いはずもなく、企業側としては商品名となった専門用語の語源や意味を、広報活動を通じてさりげなく(?)教えてくれたりするのだが、イメージ戦略に重きが置かれる現在では、「なんとなくそれっぽい」雰囲気を消費者に伝えられれば、宣伝はそれで成功となってしまってもいるようだ。

日本酒の世界でこのところ、消費者にアピールされるようになった用語に「山廃《やまはい》」というものがある。「山廃造り」「山廃純米」などといった言葉は、酒飲みならずとも見聞きしたことがあるはずだ。ところで山廃ってなんでしょう。意外と知られていないのではないか。

まず字面《じづら》としては「廃」という言葉に、なんとなくネガティブなイメージを抱かざるを得ない。山廃とくれば北海道の炭鉱の閉山の風景が重なってきたりして。もちろんそんな意味はまったくなく、「山廃」は「山卸廃止」の略語で、正確には「山卸廃止酛」である。ますます訳がわからなくなりましたか。

日本酒造りの文字どおり「もと」となるのが酛であることは先述のとおり。実はこの酛は、大きく二つの系統に分かれるのである。それが「速醸酛」と「生酛」の二つだ。そして現状では、九割以上の日本酒は速醸酛で造られている。生酛に比べると速醸酛は新しいタイプなのである。とはいえ明治時代にはもう登場しているのだが。

両者の違いを簡単にいうと、「初めから乳酸を添加している」か「酛の中で自然に乳酸菌を培養する」かということになる。乳酸は酒造には邪魔になる雑菌の繁殖を抑える働きをするのだが、これを一から育てる生酛造りには勘や経験といった職人技が要求されるし、失敗してしまう危険も少なくない。一方の速醸酛では、生酛の途中の工程から酒造をスタートすることができるわけだ。生酛が完成までに一カ月ほどかかるのに対し、速醸酛は半月ほどですむ。だからこそ「速醸」なのである。コストの削減にも役立つわけだ。

となれば速醸酛のほうがいいことずくめのようだが、できあがった酒の質にタイプの違いが出るのもまた事実なのである。一般的には速醸酛を使うと柔らかくて軽みのある、スッキリとした飲み口の酒になるといい、生酛では深みのあるどっしりとした酒質のものができあがるとされる。生酛＝本格派、本物の酒といってもいいだろう。

だったらやっぱり本格派の生酛のほうがいい——と簡単には言い切れないのが酒造りの世界の難しさだ。それだけの時間的・人的コストをかけて見合うかどうかというビジネス上の問題もあれば、上質な生酛を仕上げるだけの技術・ノウハウの蓄積と熟練した職人が存在するかどうかという問題もある。当然ながら駄作の生酛で仕込まれた酒よりは、秀作の速醸酛の酒のほうが上なのだ。実際、吟醸酒のようにその蔵の技術を集結して造る酒にも速醸酛が多く用いられていることが何よりの証拠だともいえるだろう。

まず現在の主流派で軽やかさが身上の速醸酛と、伝統とこだわり（？）の生酛の違いをご理解いただいたうえで、いよいよ「山廃」とは何かである。端的にいって、山廃酛は生酛の一種である。

数人のオジサンが木桶を囲み、中にデッキブラシのようなものを突っ込み、歌を歌いながらかき混ぜる――そんな酒造の光景をごらんになったことはないだろうか。これは蒸した米をすりつぶして酵母が育ちやすくするための作業。この作業を「酛すり」といい、その別名こそ「山卸」なのである。

酒造技術の向上により、神経をすり減らす技術を要求され、肉体的には重労働そのものの山卸の作業を行なわなくても、自然に発生した乳酸の状態を見ながら酵母を添加することで生酛造りは可能になった。すなわち山卸廃止酛＝山廃酛の誕生である。

メーカーが「山廃造り」をうたい上げる裏には「そりゃ山卸はやめてるけど、そこらの酒と違ってウチの酒は生酛の伝統的で本格的な造り方をした酒でっせ」という主張が込められているのである。

もっとも最近では、酵母を添加する前の米にあらかじめ乳酸菌（乳酸ではなく「菌」なのがミソ）を添加・培養したハイテク・バイオ系山廃酛（？）も出回っているという。こうなってしまうと「まるで速醸酛で造ったように軽やかな生酛系山廃造りのお酒」というか、山廃を名乗りたいがためだけの山廃という感じがしなくもない。

「純米酒」というが、米以外から造る日本酒もあるの？

「山廃」はマイナーな用語だったかもしれないが、「純米」とくればだれでも知っている言葉のはずだ。「純米吟醸」「純米酒」あるいはさきほどの山廃と結びついて「山廃純米」なんてお酒もある。

しかし日本酒といえばお米から造った酒ではないのか。「不純米」の日本酒なんてものも存在するのだろうか。実情をいえば、米と米麹だけを使って造った純米酒は、現在の日本酒の世界では少数派なのである。

ビールの本場であるドイツには、「ビール純粋令」という法律がある。その考え方では、ビールと認められるのは原材料に大麦の麦芽とホップだけを使用したもの。日本のピュラーな銘柄でいえば「ヱビス」や「モルツ」がそうで、いわば「純麦酒」である。

しかし日本の一般的なビールでは、副材料として「米・コーン・スターチ」の使用が認められており、これらが麦芽の量の二分の一を超えていなければ、こちらも立派なビールなのである。まあこれと似たようなことが、日本酒の世界にもあると考えればいいだろう。ただし日本酒の世界では、仕込みの段階で麦やトウモロコシなどの穀類を副材料として使用するわけではない。

純米酒ではない日本酒に入っているのは「醸造アルコール」である。場合によってはそれに加えて「糖類」が添加されることもある。

米だけの酒を純米酒というのに対し、ある一定の量までのアルコールが加えられたものを「本醸造」という。これもよく耳にする用語だろう。本醸造に規定される量より多いアルコールが加えられたり、アルコールと糖類が加えられたりした酒は「普通酒」と呼ばれる。原材料から見た日本酒は「純米酒」「本醸造酒」「普通酒」の三種類なのだ。したがって「山廃純米」や「山廃本醸造」はアリだが、「純米本醸造」なんて酒は存在しない。これもご理解いただけますね。

それでは「本醸造」とはどんなお酒か

これには酒税法で定められた明確な定義がある。清酒のうち「本醸造」と名乗ることができるのは、「使用原料は米・米麹と醸造アルコールで、精米歩合七〇％以下、香味と色沢が良好なもの」――となっている。

ここで登場するのは「精米歩合」という言葉である。日本酒の原料米は、白米よりさらに精米され、いわば米の芯の部分だけを使って仕込む。玄米を精米した白米では、外側の部分には酒になったときに雑な味の素となるタンパク質や脂質が多く含まれている。ご飯として食べるときにはそれが旨味となるのだが。

日本酒を仕込むための酒造米ではそれをなるべく除外して、真ん中の純粋なデンプン質の部分（「心白《しんぱく》」という）を使うために、酒造米はうんと削られてしまうのである。

精米歩合七〇パーセントというのは、精米して米糠や米の粉が除かれた元の部分が七〇パーセント以下という意味。つまり「玄米の三〇パーセント以上が削り取られた白米」ということだ。このいい方で我々が普段食べている白米を表すと、精米歩合は九二〜九三パーセントである。

さらに本醸造の場合、使用できる醸造アルコールの量にも制限がある。その規定は「白米の重量の一〇％以下」で、米一トンに対して一〇〇パーセントのアルコールが一一六・四リットル以下という数字になる。ちなみに酒に醸造アルコールを加えることを「アルコール添加」略して「アル添」という。

と書いたところで、それが何を意味するのかなんて専門家でもない限りわかるはずもないですね。本醸造酒とは、できあがった日本酒のアルコール分のうち、添加された醸造アルコールの割合が二〇パーセント以下の酒のことである。もちろん残りの八〇パーセント以上は、米が発酵してできた本来のアルコールということになる。

だが、日本酒は元々米と米麹だけを使って造るもの。だったら純米酒のことを本醸造というべきであって、アル添された酒はむしろ「疑似本醸造」「半本醸造」くらいに表現したほうがいいのではないか。

純米酒の立場（？）から見ればもっともな意見だが、本醸造とは純米醸造に対して生まれた言葉ではない。かつて本物の日本酒がほとんど消えかかり、粗悪な酒がはびこっていた時代に、そうしたまがいものに対して構造改革の旗手（？）となった酒につけられたのが「本醸造」という名前だったのだ。

戦争が生んだ「三増酒」という徒花《あだばな》

本醸造酒が何に比べて「本」醸造なのかといえば、その相手は純米酒ではなく「三増酒」である。これも略語で、元の名前は「三倍増醸酒」だ。どことなく怪しげというか胡《う》散《さん》臭い雰囲気の漂うネーミングではないか。

三増酒の登場は、悲惨で不幸なかつての戦争との関係を抜きに語ることはできない。一九三七（昭和一二）年の盧溝橋《ろこうきょう》事件に端を発した日中戦争、そして四一年の太平洋戦争へと続く泥沼の戦争の時代は、日本酒にとってもまさに受難の時代となった。

日本酒の原料である米は、もちろん日本人の主食である。太平洋戦争も中盤以降の芳《かんば》しくない戦況下では、真っ先に統制の対象となってしまった。配給制が始まったこともあり、酒造用の米は大幅に削減されたのである。また酒造業界も再編成され、戦前には八〇〇〇軒を超えた酒蔵が、戦時中には半数の四〇〇〇軒にまで統廃合されている。

そして年間九〇万キロリットルほどだった酒造量も、統制後はたちまち半減してしまった。また、それまでは自由だった日本酒のアルコール度数が一五～一六度に統制され、酒に等級をつけるようになったのも戦時下のことである。味覚の追求や酒文化の繁栄とはまったく無縁、戦争遂行のための酒税の確保、食糧統制という大きな流れに日本酒も飲み込まれていったのだ。一九四三年には日本酒自体が配給の対象になっている。

国策に従って、酒の度数をととのえるにはアルコールでの調整が手っとり早い。また、少ない米で多量の酒を造る工夫も盛んに行なわれるようになる。つまり戦中戦後の物資不足・食糧難の時代に生み出された技術が「アル添」そして「三増酒」だったのである。

例えばアルコール分を一五リットル含んだ一〇〇リットルの純米酒（つまり一五度の日本酒だ）に三〇リットルの醸造アルコールと一七〇リットルの水を加え、なんらかの味付けをして「日本酒らしい味」にととのえれば、三〇〇リットル・一五度の日本酒ができあがる。純米酒一〇〇リットル分の米を使って、三〇〇リットルの酒。まさしく三倍増醸だ。

そして酒らしい味にととのえる目的で使用されたのが各種の添加物である。具体的にはブドウ糖・グルタミン酸ソーダ・コハク酸・乳酸などで、もっとわかりやすくいえば、糖分と化学調味料の添加である。これは日本酒のラベルの原材料の部分には「糖類」などと表記されている。

食糧難の時代に生み出された、苦肉の策ともいうべき三増酒の技術は、皮肉なことに戦後も廃《すた》れることはなく、純米酒はほとんど駆逐されてしまったのである。コストの点では画期的な三増酒だが、日本酒本来の味わいや製造技術を著しく後退させたことは間違いないだろう。

現在では、二〇〇六年の酒税法改正により三増酒の製造はできなくなったが、アル添・糖類添加の日本酒が量的には主流であることには変わりがない。純米でも本醸造でもないこのタイプの酒を「普通酒」という。原材料で日本酒を分類すれば、「純米酒」『本醸造酒」「普通酒」の三種ということになる。

「吟醸酒」はどんな分類になる?

日本酒の分類は「純米酒」「本醸造酒」「普通酒」の三種類と聞いて、少々お酒に通じた人ならば「では『吟醸酒《ぎんじょうしゅ》』はどこに分類されるんだ」と疑問をお持ちになったのではないだろうか。「吟醸酒」もいまではすっかり有名になったというか市民権を得た。

かつては造り酒屋の技術の粋《すい》を集めて少量しか醸造しなかった、いやできなかったのが吟醸酒である。仕込むのも小振りなタンク一本だけなどで、品評会に出したりしたあと、市販に回す分はほとんど残っていない幻の酒――そんな存在だったといっていい。

特別な酒・吟醸酒は酒飲みには垂涎《すいぜん》の的、売り手にとっては強力な武器となる。吟醸酒ブームはじわじわと広がり、いまやどこの居酒屋でも酒店でも、吟醸酒と名のつく酒はあふれかえっているのである。

ちょっと待った。吟醸酒とは大量に造ろうと思っても造れない、幻の酒ではなかったのか。もちろんごく少量生産の幻の酒がそんなに出回るはずがない。少なくとも我々が簡単に飲める吟醸酒は、「その酒に『吟醸酒』の名をつけられる条件は満たしている酒」くらいに思っていたほうがいい。

逆にいえば、その条件さえクリアしていれば、少量の手造りでなくとも、極端な話、酒の質がどうあれ、酒税法上は大手を振って吟醸酒を名乗ることができるのだ。夢を砕くようで申し訳ないが、少なくとも吟醸酒＝美味い酒なんて保証はまったくないのが実情だ。

吟醸酒は、原材料のうえでの条件は「純米酒」もしくは「本醸造酒」であること。前者は「純米吟醸酒」で後者は単に「吟醸酒」と呼ばれる。さらに吟醸酒の仲間には「大吟醸」があり、こちらも「純米大吟醸」と「大吟醸」に分かれている。「大」をつけていいかどうかの違いは精米歩合の差である。普通の吟醸の場合は、精米歩合六〇パーセント以下、大吟醸だとこれが五〇パーセント以下となる。さらに吟醸酒と名乗れる条件として共通しているのは「固有の香味があり、色沢が特に良好」であるという、極めて抽象的なものでしかない。

ここでいう「固有の香味」とは「吟醸香」のことだ。低温発酵の吟醸造りをすることによって生じる果物のような香り、上質のリンゴのような甘い香りである。これはアルコールと酒の中の有機酸が化合してできる香りだ。この香りはエッセンスとして抽出することもできる。つまり香りの後付けも、やろうと思えばやれる道理である。

また本来最上級の酒、最高の技術を結集して造った酒のはずの吟醸酒に、なぜアル添が許されているかというと、こちらは米を節約するためなどではなく、吟醸香を際立たせ、味をスッキリととのえるためのアル添なのである。だから本物の吟醸酒の場合は、本醸造の限界の添加量（米一トンに対して一一六・四リットル以下）よりはずっと少ない量しか加えられないのが普通だ。

さらにいえば、蔵元が品評会に出品するような本気も本気の大吟醸酒は、まず例外なくこの本醸造タイプのものである。こと吟醸酒に関しては「本醸造よりは純米のほうが格上」という認識はむしろ逆転する。

いま現在出回っている吟醸酒は玉石混淆《ぎょくせきこんこう》である。吟醸酒という名前をゲットするために、データ上の条件をクリアしただけの「なんちゃって吟醸酒」も「ヘタレ吟醸酒」も、日本酒の精華ともいうべきホンモノも、すべてラベルは吟醸酒であり大吟醸酒だ。

ホンモノであれば本醸造タイプだし、値段も安く設定できるはずがないが、飲む側がそう考えることを見越して高価な値付けをした強者（？）も存在するのがこの世界。こちらは「ボッタクリ大吟醸」か。美味い不味いは、ときには失敗も繰り返しながら、自分の舌を磨いて判断していくほかないのである。

日本酒の「肩書」にはルールがある

日本酒には「純米」や「大吟醸」など以外にも、「生一本《きいっぽん》」「生酒《なまざけ》」などの肩書（？）がある。こうした呼称は、もちろん勝手に名乗っていいわけではなく、酒税法の定めた条件をクリアしていなければならない。

先述した純米大吟醸酒、大吟醸酒、純米吟醸酒、吟醸酒、そして純米酒、本醸造酒という呼称を「特定名称」といい、これにはあと二つ「特別純米酒」「特別本醸造酒」というものがある。

「特別」ではない純米と本醸造の精米歩合が七〇パーセント以下なのに対して、こちらの条件は六〇パーセント以下。吟醸に「大」がつくかどうかと同じく、精米歩合に一〇パーセントの差がある。あるいは、明確に説明のつく「特別な製造方法」で造られた純米酒や本醸造酒にも、「特別」を冠する資格は与えられる。

しかしながら、これも最前からお断りしているように、こうした肩書は美味を証明するものではない。酒税法の定めた数値はクリアして造られた酒なのだなと、クールすぎるくらいの気持ちで、特定名称はあくまでも参考とし、味は自分の舌で確かめるのが本筋だ。

また、「生一本」や「生酒」などの呼称のほうは「特定名称」ではなく「任意記載事項」となる。任意とはいえ、もちろん勝手に名乗ることは許されず、一定の条件がつけられているのは特定名称と同様だ。我々がよく目にするものを説明してみよう。

「生一本」――単一の製造場のみで製造された純米酒であること。

酒造所というのはどこも「単一の製造場」ではないのかと思われた方は多いだろう。ところが日本酒製造の現場の実態は大きくかけ離れている。複数の醸造所の酒を集めて出荷するのは、特に大手メーカーなどでは常識である。詳しくは「桶買い」の項で説明しよう。

生一本といえば、ウイスキーのシングルモルトのようなもの。純米であることも条件だから、「生一本の本醸造」はあり得ない。

「原酒」――精製後に加水調整をしていない清酒（一パーセント未満は可）。

通常、アルコール度数を一定にするための加水調整を行なっていなければ原酒と名乗ることができる。だから原酒には「純米酒」「本醸造酒」「普通酒」いずれもアリである。

「生酒」――精製後に一切の熱処理を行なっていないこと。

こちらも加熱殺菌（火入れ）をしていなければ資格あり。原酒同様に「純米酒」「本醸造酒」「普通酒」いずれもある。もちろん「生原酒」もあり。さらに「生一本生原酒」とくれば、「単一の醸造所で造られた、加熱処理も加水処理も行なっていない純米酒」という意味になる。

「生貯蔵酒」——精製後に加熱処理を行わずに貯蔵し、製造場から移出するときに加熱処理した清酒であること。

つまり、こちらにも「生」の文字はつくものの、生酒とは違い出荷時に火入れはされているというヤヤコシい酒である。また「貯蔵」の年数の算出方法だが、こちらは酒を貯蔵タンクに入れた翌日から移出した日までの年数をいう。ただし一年未満は切り捨てだ。閏《うるう》年ではないときに、一年と三六四日貯蔵した酒は「一年貯蔵酒」で、あと一日置いておくとそれは「二年貯蔵酒」になるわけだ。

貯蔵年数が違う酒をブレンドした場合は、混成比率には関係なく、いちばん若い酒の貯蔵年数＝その酒の貯蔵年数となる。

また「極上」「優良」「高級」という表示は、自社製品の相対的な評価としてならしてもいいことになっている。だからこうした表示があったとしたら、それは「そのメーカーの中では」そう評価されているということだ。

最後に禁じ手とされている宣伝文句について。「最高」「第一」「代表」などは、業界の中でそうであると誤解されかねないという理由で御法度《ごはっと》。正直いって「極上」「優良」「高級」

【日本酒の分類】

特定名称	使用原料	精米歩合など	香味などの要件
純米大吟醸酒	米・米麹	50%以下	吟醸造り固有の香味、色沢が特に良好
大吟醸酒	米・米麹・醸造用アルコール	50%以下	吟醸造り固有の香味、色沢が特に良好
純米吟醸酒	米・米麹	60%以下	吟醸造り固有の香味、色沢が良好
吟醸酒	米・米麹・醸造用アルコール	60%以下	吟醸造り固有の香味、色沢が良好
純米酒	米・米麹	70%以下	香味、色沢が良好
本醸造酒	米・米麹・醸造用アルコール	70%以下	香味、色沢が良好
特別純米酒	米・米麹	60%以下または説明表示のある特別な製造方法	香味、色沢が特に良好
特別本醸造酒	米・米麹・醸造用アルコール	60%以下または説明表示のある特別な製造方法	香味、色沢が特に良好

とどう違うのか理解に苦しむが、取り決めはそうなっている。さらに「宮内庁御用達」も、事実であったとしても表示してはいけないことになっている。

利酒のすすめ

味覚というのも人間の才能の一つ。生まれつき鋭い人とそうでない人がいる。しかしよほど天才的な味覚の持ち主でもない限り、一度口にしただけのものの味を正確に分析・把握して記憶することなど不可能である。我々が酒の味がわかるようになるためには訓練が必要だ。それが利酒《ききざけ》なのである。

ところで日本酒の蔵元の人など玄人筋（？）の人々は、なぜか「利酒」を「ききざけ」ではなく「ききしゅ」という。辞書にはない読み方なのだが、いかにもプロっぽい――いや、本当にプロなのだった。こうした業界の人にとって、利酒は酒質を判断する重要な業務の一つである。

また酒の小売店や日本酒の品揃えをウリにしている酒場の人間は、売り物の酒の評価を消費者に客観的に伝えなければならない。となれば味の表現にも工夫と説得力が求められる。それが高じすぎると「春の草原をわたる風の中に、麦藁の焦げたような匂いが微かに

利猪口

……」など、詩的に過ぎる珍妙な言い回しまで登場してしまうのだが。

利酒を究めるのは至難の業だが、アマチュア（？）日本酒ファンとして自分の味覚を磨くレベルなら、自宅でも居酒屋でも利酒の訓練と実践は可能である。

利酒に特別な道具は不要。しかしながら蛇の目の「利猪口《ききぢよこ》」があると嬉しい。本物は一八〇ミリリットル弱の容量だが、居酒屋などではこのミニチュアサイズを使っているところも多いはずだ。利猪口の内部の濃紺の二重丸、すなわち蛇の目は単なる装飾ではなく、白い部分とのコントラストがついて酒の色をより見やすくする効果がある。もちろん内部が純白な器があればそれでＯＫ。透明や色付きの器は、こと利酒に関しては不適である。

素人利酒師がまず初めに心がけるべき基本の基本は、「日本酒のレベルを知る」ということだ。「好み」や「評価」はそこから先の応用編となる。そしてレベルがわかるようになるための唯一の方法は、「最高レベルの酒を知ること」に尽きる。レベルの低い酒をいくら吟味しても、品質の良否を判定する味覚は決してつくれないからだ。

もちろん幼少時から日常的にハイレベルな飲食物しか口にしないような、やんごとない暮らしを通じて味覚形成が行なわれているような人には、たくまずしてしっかりとした味覚も備わっていよう。だがここではあくまでも庶民を対象とした利酒能力アップを図ることとする。

日本酒のレベルを舌で知るために不可欠なことは、最上のものを利き比べながら複数味わってみることである。これはどんな飲食物の官能テスト（利酒・試食の類）にも当てはまる。とはいえワインでこれをやろうとすれば相当（莫大？）な財力が必要だ。

幸い日本酒は、少なくともワインに比べればリーズナブルな値段で最高レベルのものが入手できるし、店でもグラス単位で注文できるのが一般的だから、気持ちさえあればチャレンジは容易だ。

まず銘酒として定評のある酒を複数利き比べてみるのが即効性のある鍛練法である。具体的な銘柄を挙げれば、「〆張鶴《しめはりづる》（新潟）」「八海山《はっかいさん》（新潟）」「神亀《しんかめ》（埼玉）」「久保田《くぼた》（新潟）」「天狗舞《てんぐまい》（石川）」など、日本酒通から評価の高い地酒から始めるのがベストだろう。またこれらの酒は比較的よく出回っているので、居酒屋などでもメニューにある率が高い。雑誌の日本酒特集などを参考にするのも有効だし、まっとうな居酒屋であれば、「これぞ王道の銘酒を」と注文すればこうしたブランドを出してくれるはずだ。

利酒の技術と日本酒のチェックのしどころ

複数の銘柄を卓上に集め、同時に利き比べていけば酒の個性の違いは際立ってわかりやすくなる。四種類なら四種類の酒を順番に飲むのとは根本的に異なった味覚へのアプローチが可能となるものだ。こればかりはやった者勝ちである。美味い酒とはどんなものか、さらに美酒の個性にはどんな違いがあるのか、だれでも身をもって（しかもリーズナブルな予算で）理解できるようになること請け合いだ。

なお、利酒は五感を研ぎ澄まして酒と対話する行為である。そのために日本酒の味がもっともわかりやすくなる利酒の仕方も存在する。こちらについて解説しておこう。

まずは酒の外見から徹底チェックだ。もちろん色を見るのである。日本酒本来の色は山吹色あるいは黄金色で、黄味がかった麹の色素が日本酒を色づけているのだ。ただし昨今の淡麗タイプの酒には、ほとんど無色のものも少なくない。

酒が透明になる最大の原因は、活性炭のフィルターを通して濾過しているからだ。冷蔵庫の脱臭剤に使われるアレである。活性炭の脱色と脱臭効果により、日本酒は透明になり、雑な味や臭みが取り除かれるのだ。ただし、活性炭は都合の悪い要因だけを選別して除去できるわけではないので、使いすぎると酒本来の素朴な旨味まで失うことになってしまう。その辺は造り手のさじ加減次第ということになる。

色合いを見たら、次に匂いを嗅いでみる。フルーティなもの、麹の香りの強いものなど、ここでもさまざまな様相が浮かび上がってくるはずだ。酒によってはこの色と匂いのチェックだけで銘柄を特定できるものまである。

ついでいよいよ口の中でチェックである。少量の酒、利く人の体格にもよるが十五〜二〇ミリリットルを口に含み、ひとまずゆっくりと舌の上で転がす。舌の各部位で酒の五味を確かめるのだ。ちなみに五味とは本来「甘い・辛い・苦い・酸っぱい・塩辛い」をいうが、利酒の場合は塩辛いの代わりに「渋い」をチェックする。

さらに酒の重さや軽さ、粘りけなどもここでチェックだ。口に含んだ瞬間から次第に酸味が広がったり、あるいはあくまでも澄んだ淡麗さをとどめていたり、酒ごとの個性がだんだんと明らかになってくる。

ここでトドメの作業（？）に入る。口の中で酒を気化させてみるのである。こう書くとややこしそうだが、やることは簡単だ。ややうつむき加減になり、歯は合わせたまま口を横に広げて唇の両端を開ける。イメージとしては落語家の立川談志師匠の口元である。そしてそのまま息を二度三度と吸い込んでみる。

当然ながら口の中の酒はズルズルと音をたてはじめる。香りも激しくたつので、それをそのまま鼻腔に送り込み、今度は鼻で利いてみるのである。

これが一連の利酒の動作で、一回で多くの酒を利く専門家は、ここで口の中の酒をペッと吐き出してしまう。居酒屋でチャレンジ中であればそのまま飲んでかまわないだろう。のどごしのチェックもこれで完了だ。

ただしこうした行動は、素人さんの目にはかなり奇異に映ってしまうことも厳然たる事実である。ある程度の規模がある、ワイワイ賑やかな居酒屋で試してみるのがいちばん無難だ。しんと静まり返った店内にズルズルと吸い込み音を響きわたらせて、なお平然としているにはかなり図太い神経を要するし、酔客の中で一人ストイックに酒を利く姿は、あたりから浮きまくること必定《ひつじょう》だ。味覚形成のためには少々の恥は覚悟しましょう。健闘を祈る。

地酒とは「くだらない」酒だった!?

地酒ブームに地酒マニア、少なくともこの本の読者で「地酒」にネガティブなイメージを持つ人はいないだろう。しかしながら地酒という言葉の語源は、あまりいい意味ではない。「マイナーな酒」「田舎酒」といった意味合いの言葉として生まれたものだからである。

ではメジャーで都会の酒なるものはあるのだろうか。もちろんある。それが関西の酒である。つまり兵庫県の灘《なだ》、京都の伏見《ふしみ》という二大銘醸地が日本酒の本場であって、それ以外の土地で造られるのは品下がる「地酒」と見なされてきたわけである。

日本酒は一〇〇〇年以上の歴史を持っている。九二七年に編纂された『延喜式』には「宮内省造酒司の御酒糟の造法」が書かれており、これは現在の日本酒とさほど変わらない酒だったことがわかっている。

やがて日本酒製造の本場となっていったのが、酒造に最適な「宮水」という硬水の湧く「男酒」の灘と、それよりは柔らかな中硬水が出る「女酒」の伏見である。ちなみに日本の水道水や、国産のミネラルウォーターはほとんど軟水である。カリウムやカルシウムを多く含んだ灘や伏見の地下水は、飲んだところで日本人の舌には合わないし、お茶を入れても不味いとされ、植木にまいてもよく育たない。酒を造る以外に能がないとまでいわれる地下水だ。

江戸が日本の首都となった江戸時代でも、上質な酒といえば上方《かみがた》の酒であり、江戸までわざわざ輸送される関西の酒を、江戸の人々は上方から下ってくるところから「下り酒」といって珍重したのである。

それ以外の地方産の日本酒は「地酒」にすぎなかったわけで、上方から下ってこない「下らない」酒として、ありがたみは薄かった。「つまらない。価値がない」ことを「くだらない」というが、語源はこの下り酒ではない酒、すなわち下らない酒からきているのである。

「昔の酒」は本当に美味かったのか

それでは江戸庶民の垂涎《すいぜん》の的だった下り酒は、いま飲んでも美味しい酒なのだろうか。それを検証してみたい。まず原料の米は、いまでいうところの「無農薬・有機栽培」である。さらに酛に関しては、生酛も生酛、米をすりつぶす「山卸」も行なった、つまり山廃でもない生粋の「すり酛」による生酛仕込みである。また、造りは当然ながら純米酒かと思いきや、味を調整するためのアル添は江戸時代にも行なわれていたとの記録がある。

当時は田んぼに散布する農薬自体存在しないし、三増酒も醸造アルコールもなければ、速醸酛はおろか山廃酛も発明されていないのだから、わざわざ手間隙をかけたというより、本来の酒造り以外には試みようもないのである。

では当時の酒をそのまま再現することができたとしたら、純粋にして素朴な、これぞ本物の日本酒というべき美酒ができるのだろうか。

冷静かつ客観的に考えると、その可能性は限りなくゼロに近い。少なくとも現在評価されている美味い日本酒の味に慣れた人の口には、到底合わない酒質の酒しかできなかったものと断言せざるを得ない。

江戸時代から今日に至るまでの間に、日本酒造りの世界でもさまざまな改革や改良、そして発明が行なわれてきた。まず原料の米自体が大きく変わっている。酒造りに使われる米は、種類としては我々が主食にする「粳米《うるち》」である。ただし現在では品種改良が重ねられ、「酒造好適米」といわれる米が誕生している。

酒米の中でいちばん有名なブランドは「山田錦」だろう。酒のラベルに「山田錦100%」などと表示されることもある最強ブランドだ。そのほかにも「五百万石」「雄町」「美山錦」などが知られている。

このうちもっとも古い酒米の雄町でも、登場したのは江戸末期。山田錦と五百万石は昭和一〇年代であり、美山錦にいたっては一九七八（昭和五三）年に、長野県の醸造試験所で、掛け合わせた米にガンマ線を照射したところ突然変異で誕生したという、怪獣のようなエピソードを持つ米である。

こうした酒米の特徴は、①粒が大きく②中央部に大きな心白《しんぱく》がある（心白とは米の中心部の、デンプンのつまり具合が粗い部分。麴菌が繁殖しやすく、糖化しやすいので酒造に向いている）③タンパク質や脂質が少ない――といったところだ。ゴハンの美味しさの源はまさにタンパク質や脂質だから、酒造好適米は炊いて食べたところで美味くもなんともないというのが一般的な評価でもある。

「下り酒」の弱点第一――原料米が酒造好適米ではない。酒の味を決める米がこれではかなり辛《つら》い。

さらに精米技術の違いも、酒の味に決定的な影響を及ぼす。大吟醸酒では五〇パーセント以上、本醸造酒でも三〇パーセント以上を削り取って精米するのが現在の酒造りである。実はこうした精米は江戸時代には不可能だったのだ。

いや現在でも、ほとんどの街の米穀店には精米機が置かれているはずだが、こうした機械で白米（精米歩合九二パーセントほど）以上に米を磨くことは構造的に不可能なのである。

そもそも何のためにそこまで米を磨くのか。それはまず第一に、酒の味を落とすタンパク質と脂質を徹底的に除去するのが目的だ。そして糖化しやすい心白の部分のみを使って酒を仕込んでいくのである。だから精米では、米の外側を均一に削って芯の部分をきれいに残さなければならない。米を真っ二つに割った残りを集めても、それは「精米歩合五〇パーセント」とはいえないのだ。

白米にするための精米では、米に圧力をかけてすり合わせることのできる横型精米機を使うが、酒造用の米はそれでは熱を持って割れてしまうし、高率の精米はできないため、専用の縦型精米機を使う。この機械には回転しながら米を削る刃が縦に取り付けられている。この機械を発熱を抑えた低回転で動かし、何日もかけて米を磨いていくのである。

それほど削り込んでいない米で仕込んだ酒は、のどごしさわやかでスッキリとはいかず、米の不要な成分からくる雑な味が残ってしまうはずだ。これが「下り酒」の弱点の第二である。

昔といまでは器が違う!?

昔の酒が現代人の口には合わないと予想する根拠はまだまだある。原料米とその精米歩合の違い以上に、酒の味に影響を及ぼすのは「器」である。これは酒の容器ばかりではなく、仕込みの樽や桶も含んでのことだ。

日本酒の製造過程で外的な悪い臭いをつけずにすむようになったのは明治以降、なおかつ一度に大量の酒を仕込むことができるようになったのは、ごく近年のことだ。それがホーロー、そしてステンレス容器の登場がもたらした出来事なのである。酒に臭いを移さず、成型も容易な金属製の容器が誕生することで、日本酒は新たなステップを踏むことができたといっていい。

ではその「臭い」とはなんだろうか。これはもちろん杉材のニオイだ。江戸時代、日本酒を仕込む桶は当然ながら木製だし、上方から江戸へと酒を輸送する際には四斗樽などの杉樽が用いられた。利酒用語では酒についた木のニオイをそのまま「木香《きが》」という。

もちろん樽酒はいまでも販売されているし、木香自体は悪いものでもなんでもない。ただ当時の酒には例外なく杉の香りが漂っていたはずで、雑味と木香の強い下り酒が、現代人の嗜好に合うとは考えにくいのだ。

さらにいえば冷暖房施設の発展による麴室や酒の温度の自動管理や低温の輸送など、現代では常識となっている技術がない時代には、酒を保存したり輸送したりする際にも、かなり品質を落としていたと考えるのが妥当だろう。

余談ながら日本酒の代名詞でもあるガラスの一升瓶詰めの酒が初めて市販されたのは一九〇一（明治三四）年。売り出した会社は灘の「白鶴《はくつる》」である。

江戸の昔の「下り酒」にはロマンを感じるが、冷徹に見れば残念ながら、実際口にしてみて感動を呼ぶ類の酒ではなかったはずだ。

やはり「特級」が美味い酒なのか

この疑問に関して、もしかしたら若い読者の方には何のことだかわからない方もいらっしゃるかもしれない。ロシアのことを「ソ連」、ＪＲのことを「国鉄」と、ついいってしまう世代の人には懐かしい、日本酒の「級別」についてのお話である。

「特級」「一級」「二級」という日本酒の級別が定められたのは第二次世界大戦さなかのこと。以来、少なくとも昭和後半の時代には、庶民の間では日本酒を個々のブランドより級別で呼び表すほうがむしろポピュラーだった。「お世話になった方だから、贈り物は奮発して特級酒」といった感じである。

この級別によって何が違うかというと、いちばん顕著なのは酒にかかる税金の率。特級酒は酒税の率も高くなるため、元の単価との相乗効果（？）でより高額になっていくのである。

そんなことより、お酒のレベル・味が違うから級別がつけられたのでは――もっともな意見だが、これには大きな問題がある。もちろん級別は漠然とつけられていたわけではなく、国税庁の担当者による厳正な審査があって決定された。ただしその基準を見ると、首をかしげざるを得ないようなものなのである。

まず「特級酒」の定義は、「品質優良なるもの」。これだけである。では一級酒は。こちらは「品質佳良なるもの」となる。それでは最後に残った二級酒はというと「特級酒、一級酒に該当しないもの」。

特級・一級と認定されるためには、出品して監査を受けなければならないわけで、ここに出品されない酒は、酒質には一切関係なくすべて二級酒である。また、高い税率をかけられても特級や一級として売ることのできる酒は、どうしても知名度が高く贈答品にも使われやすい、灘や伏見の大手メーカーの酒になりがちだ。良心的な造りの地酒で、地元での消費が中心のものなどは、わざわざ小売価格を高くする級別監査を受けるはずもないのである。

あえて監査を受けていないだけなのに、特級や一級より品質が低く見られるのが癪に障ったのか、当時は商品名を「無鑑査二級」と名付けた剛の者の地酒も出現したくらいだ。

その後の地酒ブームで、こうした事情に明るいファンも増えてきたこともあって、級別制度は次第に形骸化していった。そして消費税の導入された一九八九（平成元）年に廃止され、現状の「純米」「吟醸」などの特定名称が酒の質を表す言葉となって定着していったのだ。

高速道路を突っ走る日本酒タンクローリー

「幻の酒」としてファンの間で話題に上る酒がある。古い話で恐縮だが、四〇年ほど前には、灘の「剣菱《けんびし》」が酒飲みの垂涎の的となった。二十数年前には、いまでも名高い新潟の「越乃寒梅《こしのかんばい》」のブームがあり、その後同じく新潟の「雪中梅《せっちゅうばい》」も話題を呼んだものである。

もちろん並外れた味のよさが根本にあってこその「幻の酒」なのだが、こうした酒が

「幻」とまで呼ばれて酒飲みの飢餓感を煽りまくったのは、ひとえに品薄、超レアもの状態が続いたからだ。

なぜそういうことになってしまうのか。そこには簡単には増産しづらい日本酒ならではの事情がある。日本酒造りとは工業と工芸の中間のような作業の連続で、米を吟味し仕込みにこだわって美酒を醸そうとすれば、それは限りなく工芸に寄った作業の連続となる。また酒造を管理する人間すなわち杜氏《とうじ》の目の届く範囲でしか造ることはできない。

いわゆる「行列のできる店」と事情は同じである。素材の調達・仕入れを自分で行ない、仕込みから調理までを手がける主人の店が評判になったからといって、すぐに二倍三倍の量を出すことはできないのである。

とはいえ剣菱はもはや大手の酒造メーカーに成長し、たいていの酒屋で入手できる酒になった。また越乃寒梅も一時に比べるとレア感はなく、取り扱う小売店もチラホラと目にするようになった。出荷の急増に対応する裏技はやはり存在するのではないか。

行列のできる店の中には、あくまでも料理人の目の届く範囲での仕事にこだわるところもあれば、評判を機にビジネスとしての基盤拡大を図るところもある。支店を出したりチェーン展開を行なったりするのがそれである。

日本酒の世界でこれに相当するのが「桶買い」である。文字どおり「桶」単位での、酒

タンクローリー

造メーカー同士の酒の取り引きを指す業界用語だ。売り手からすれば「桶売り」となる。大手酒造メーカーの大半は桶買いの率が五〇パーセントを超えている。くだんの剣菱は一時期、製品の九割以上を桶買いでまかなっていた。こうなると酒のメーカーというよりはブレンド業者である。

ちなみに「桶買い」「桶売り」を酒税法上の用語でいうと「未納税移入」「未納税移出」と、ぐっと難しくなる。

もちろん桶買いは正当かつ合法的な商行為で、最終的にラベルを貼る蔵元が、原料から仕込みに至るまでのレシピを渡して、そのブランドにふさわしい酒を造らせて桶買いすることが多い。

思い出していただきたい。「生一本」と表

示できる条件は「単一の製造場のみで製造された純米酒」——だった。これは要するに「桶買いしたものはダメよ」ということである。灘の名門酒蔵では「白鷹《はくたか》」が桶買いをしない、自醸酒一筋のメーカーとして知られている。まさしく灘の生一本だ。

かくして桶売り酒を満載したタンクローリーは、日夜道路を走り回っているはずだ。我々は知らず知らずのうちに、実は埼玉県産の灘の酒や岡山県産の伏見の酒を口にしているのである。

重ねていうが、桶買いはより多くの人に人気ブランドの酒を提供するための工夫であって、まったくもって合法的な商行為だ。でもまあチェーン展開してビジネスとしては大成功を収めた店が、味の面でも元よりさらに美味くなったという話は寡聞《かぶん》にして知らないけれど。

「酒は百薬の長」を検証する

体調を崩したら医者のもとを訪ねる。そういう場合、患者が喫煙者なら喫煙者の医師、酒飲みならば酒飲みの医師に診てもらうべきである。なぜならそうした医師は煙草や酒に関して寛容なはずと期待できる（?・）からだ。

日本には財務省と厚生労働省が管轄する社団法人で、「アルコール健康医学協会」なる団体がある。

この協会の活動の二本の柱は「適正飲酒の普及・啓発」と「未成年者飲酒防止」だという。未成年時代から適量以上に飲みすぎてきた人間には肩身が狭いが、健康のための禁酒ではなく、「適正」との条件こそあれ飲酒を普及・啓発するというのだから、さぞ酒飲みの先生方の集まりなのだろう。

同協会が提唱するのが「適正飲酒の一〇カ条」なるものである。

①談笑し　楽しく飲むのが基本です
②食べながら　適量範囲でゆっくりと
③強い酒　薄めて飲むのがオススメです
④つくろうよ　週に二日は休肝日
⑤やめようよ　きりなく長い飲み続け
⑥許さない　他人《ひと》への無理強い・イッキ飲み
⑦アルコール　薬と一緒は危険です
⑧飲まないで　妊娠中と授乳期は
⑨飲酒後の運動・入浴　要注意

⑩肝臓など　定期検査を忘れずに

以上の、まことにごもっともな提案なのだが、いちばん気になるのは②の「適量」だろう。この協会では一般的な適正酒量として「二単位」という言葉を使っている。「一般的にいえば、二単位ぐらいのお酒（ビール中瓶二本、日本酒二合、ウイスキーダブル二杯）を限度とすることです。このぐらいの酒量だとほどよくお酒を楽しむことができるといわれています」ということだ。

誤解はないとは思うが、ビール・日本酒・ウイスキーはそれぞれが一日の適量であって、三種類を足したらこれは六単位になってしまう。まあこれを守って飲んでる人は、確かに身体を壊すことはなさそうだ。

一〇カ条の逆ばかりいって、世を呪いながらハイピッチでつまみもなく浴びるように毎日薬と一緒に強い酒を一晩中……そりゃ死にます。

こちらも酒をすすめる側からの意見だが、日本酒情報館が発行している『日本酒読本』にも、酒飲みをホッとさせる日本酒の効能が、一七人の名医の口から語られている。「百歳以上の健康な長寿者の約六割は、毎日適量のお酒をたしなんでいる」（斎藤茂太）「お酒には心筋梗塞を防ぐ効果もある」「適量の飲酒は善玉コレステロールを増やす」（渡辺孝）

「日本酒は癌細胞の増殖を抑える」（滝澤行雄）「日本酒は血管の若さを保ってくれる」（松木康夫）

なんだか日本酒を飲まないと身体に悪いような気がしてくる。「酒は百薬の長」も極まれりである。とはいえ多数の医師たちが指摘する効能は「ストレス解消」や「人間関係の円滑化」などのリラクゼーション効果。あるいは「いわれているほど糖尿病に悪いわけではない」「処理能力の範囲内なら肝臓も安心」といった弁護論も目立つ。

また専門家に共通する大前提は、やはり「適正な酒量ならば」である。実際、酒の害毒と危険性を並べ立てるのは、百薬の長を唱えるよりはずっと容易なはずだ。まあ「適正飲酒の一〇カ条」が守れるような節制のできる人は、どう見てもいわゆる酒飲みではない。結論。「酒は百薬の長」はまぎれもない事実である。ただし酒を薬のように飲んで、なおかつそれを心から楽しむことのできる人にとっては、である。

日本酒の「金賞」はどこからもらうのか

日本酒のラベルには、公的機関からの受賞の事実を表記することができる。例えば「食品のノーベル賞」といわれるモンドセレクションでの金賞受賞をうたっている場合などがそうである。

とはいえやたらと名前を聞くこのモンドセレクション、食品のノーベル賞という評価は自己評価にすぎないともいわれる。この団体はベルギーのブリュッセルに本部を置く、国際的あるいは地域的に流通している製品の品質を審査する国際団体だ。発足は一九六一年である。

なにやら公的機関の雰囲気を漂わせる（？）モンドセレクションだが、ＥＵともベルギー政府とも関係のない民間団体で、運営資金の大半は出品者の審査料でまかなわれている。となるとなるべく多くの客すなわち出品者を招致したいのがモンドセレクション側の本音だろう。

また細分化されたカテゴリーの中の「日本酒部門」となると、日本以外からの出品はまず考えられない。歴史と権威を誇るモンドセレクションだが、どうやら受賞することが大変な難関だとはいえないようなのである。

日本酒の評価における「公式戦」はなんといっても、独立行政法人の「酒類総合研究所」と「日本酒造組合中央会」が共催するもの。四月から五月にかけて醸造試験所で開催される「全国新酒鑑評会」がメインイベントである。さらに地方の国税局主催の「清酒鑑評会」「酒類鑑評会」も公的な審査となる。こちらのほうは年二回の開催だ。

「全国新酒鑑評会」は酒蔵の技術の粋を結集して造られた吟醸酒のコンテストである。評価は専門の鑑定官による官能審査（利酒）と科学分析の二本立てで行なわれ、評価の高いものに金賞が授与されるのである。

そして「清酒鑑評会」「酒類鑑評会」のほうは、春には搾りたての新酒、秋には熟成した酒を対象として開催される。評価の仕方は全国新酒鑑評会と同様である。またこれ以外にも、地方公共団体が主催する会もあり、こちらも国税局に準じた方法で審査が行なわれている。

酒のラベルに「金賞」とあったら、どこで受賞したどんな賞なのかをまずチェックしてみましょう。

なぜ日本酒は燗をつけて飲むのか

日本酒が造られるようになったのは、どうやら平安時代頃というのが定説だ。その日本酒を温めて飲む理由となるとはっきりしないが、日本酒はこの世に登場した当初から燗《かん》をつけて飲まれていたのである。

酒を温めて飲むのは世界的には珍しい習慣だが、中国は唐の大詩人・李白の詩句に「林間に紅葉を焚いて酒を暖む」などとあるため、中国文化圏ではポピュラーな飲み方だったことがうかがえる。平安時代の教養人である貴族たちは、そうした影響も受けて、酒に燗をするようになったのだろう。

そもそも地酒ブームが到来する以前は、「冷や酒をかっくらう」のはあまりエレガントな振る舞いではなかった。ありていにいえば下品な飲み方とされていたのである。いままでも年輩の人などには「悪酔いをするから」と、冷や酒を敬遠する人は少なくない。

ただし、冷や酒＝悪酔いは、医学的には何の根拠もない。人間を酔わせる原因は、あくまでも体内に入ったアルコールの総量なのだ。慣れぬ冷や酒を口にした人が、飲み口のよさについ飲みすぎてしまうことが多くなりがちなのが、悪酔いの真の原因だろう。

しかしながら日本酒＝燗酒が主流だった時代にはアンチ日本酒派もまた数多く誕生した。燗酒にはオヤジ臭いイメージもあるし、何より日本酒はベタついてくどく甘ったるい飲み物という印象を持った人も多かったのだ。これは単にイメージだけのせいではない。

普通酒の中でも三増酒のブレンド率の高い、アル添・糖添をふんだんになされたベタ甘の酒は、熱々に燗をつけたほうがまだ飲みやすい。かつての熱燗には粗悪な酒の味をごまかすという哀しい使命も与えられていたのである。

二十数年前に起きた地酒ブームや純米酒ブームは、見方を変えれば本物の日本酒を取り戻そう、日本酒の魅力を見つめ直そうという運動でもあった。したがって当時のファンは、旧体制の象徴のような燗酒を嫌う傾向があった。利酒や酒の鑑評は冷やで行なうし、吟醸酒は燗をつけることを前提にはしていない。よい日本酒は冷やで飲むのが正しい――そんな考え方である。

そんな経緯があって、ブームが定着した今日、ようやく美味い酒の楽しみ方のバラエティーの一つとして燗酒が再評価されてきた感がある。現在では気鋭の蔵元からは、燗をつけて飲むことを前提とした銘柄も出されているほどだ。例えば「独楽蔵《こまぐら》・燗純米（福岡）」「琵琶の長寿・惚酔《ほろよい》（滋賀）」「福千歳《ふくちとせ》・ひと肌恋し（福井）」などである。「惚酔」のラベルには、「燗用旨酒」とあり、ご丁寧に43度というお勧めの温度まで記入されている。ぬる燗と上燗の間くらいの、確かに絶妙な温度である。

一般的には、燗に向くタイプの酒は主質がどっしりとしたもの。山廃純米などが最適とされている。逆に燗に向かないのは淡麗なタイプ、香りの強いタイプである。その最たるものが吟醸酒だというわけだ。ただし味の好みは千差万別、吟醸酒の燗もごくぬる燗ならば冷やよりも美味いというファンもいる。

いずれにせよ冷やでひどく不味い酒が、燗では素晴らしく美味くなるなんてことはない。逆もまたしかりである。

【酒の温度と呼び名】

燗酒

- 55℃……飛びきり燗（とびきりかん）
- 50℃……熱燗（あつかん）
- 45℃……上燗（じょうかん）
- 40℃……ぬる燗（ぬるかん）
- 35℃……人肌燗（ひとはだかん）
- 30℃……日向燗（ひなたかん）

冷や酒

- 15℃……涼冷え（すずひえ）
- 10℃……花冷え（はなひえ）
- 5℃……雪冷え（ゆきひえ）

　最後に、独り暮らしの人でも気軽にできる、レンジでチンの燗酒で使える裏技を伝授しておこう。そのまま温めるとどうしても上が熱く下がぬるい状態になってしまう。そこであらかじめ、お銚子にガラス製のマドラー（単なるガラス棒でＯＫ）を入れておくのである。こうすると銚子の中の酒が対流するので、均一な温度に燗がつけられる。ただし金属製の棒では電磁波を乱反射するため、うまく燗がつかない恐れがある。必ずガラス棒を使用すること。

ビールについて

「とりあえずビール」はもはや日本の国民酒

「日本の酒といえば何か」と問われれば、答えは迷わず「そりゃ日本酒に決まってるよ」だろうか。「いや、本格焼酎も忘れてもらっては困る」という意見もあるだろう。

確かに日本酒や本格焼酎は、日本人が生み出した日本固有の酒である。ではここで、次の数字を見て欲しい（国税庁『酒のしおり』より）。

五七・七パーセント（一九九九年）

三七・三パーセント（二〇〇六年）

これは日本の成人一人当たりの酒消費量に占めるビールの割合だ。ビールは日本人が飲んでいる酒の三分の一以上ではあるが、ここ数年でシェアが急落していることもわかる。

この数字の変化に「日本のビールの人気は急降下しているのでは」と、しごくもっともな疑問を持たれた方もいることだろう。だがこれまた早トチリというもの。このデータ上のビールのシェア減少には、ビール離れとは無縁の意外な理由が反映されているからだ。

まず同じ年度の消費二位の酒を見るとそれはどちらも発泡酒だ。首位のビールと差は大きく開いているが、それぞれ一三・四パーセント（九九年）と一七・一パーセント（二〇〇六年）のシェアを持っている。

さらに目を引くのが「その他」という項目だ。九九年には〇・〇〇二パーセントでしかなかったものが二〇〇六年には一一・七パーセントへと大躍進している。その理由はおわかりいただけるだろうか。それは二〇〇四年に、日本の酒造業界では「その他」に分類される超ヒット商品が誕生しているからである。

このヒット商品の紹介は後でするとして、先に日本のお酒と税金の関係について説明しておきたい。まず、日本のお酒を管轄というか支配している決まり事は酒税法である。その定めるところでは、ビールの定義とは麦芽の使用率が六七パーセント以上であること。裏を返せば原料の三分の二だけ麦芽を使っていれば、あとは副原料として米やコーンやスターチ（デンプン）を使って製造しても、日本の法律ではそれは立派なビールである。「麦芽一〇〇パーセントでなければビールでない」という「ビール純粋令」を持つドイツあたりに比べれば、なかなか柔軟な法律である。

製品としてのビールの定義は柔軟でも、徴税がお仕事のお役所（国税庁）が管轄しているだけに、日本のビールの税率はやたらと高い。代表的な小売価格で換算すると、ビールの大瓶の場合、税金の占める割合は四五・一パーセントと半額近くにもなる。これは世界的に見ても極めて高額な部類。先進国の趨勢は、高アルコール度数の酒には高税率で、ビールなどの低アルコール飲料にはあまり高い課税はしないものなのだ。あれだけ大量に生産されているビールの価格がジュースより高いなんて、「資本の論理」では説明がつかないではないか。だから日本人のビール党は、国庫に多大な貢献をしている。

一方、ビールの弟分ともいえる発泡酒は、国税庁の解釈では「麦芽を原料の一部とした発泡性のある酒類」で、発泡酒と認定されれば、酒税法上はビールではなくなることにより税率はダウンする。ということはそれが小売価格にも反映し、発泡酒は割安なお値段の庶民のお酒となるわけだ。

もちろん酒造メーカー側は、「発泡酒はビールとは異なる味覚の追求から生まれた商品です」などとタテマエもおっしゃるが、発泡酒が酒税法の裏をかいた、隙間産業的な「ビール系飲料」のヒット商品であることは間違いない。

構図としては、オカミの側が「麦芽を三分の二以上使わないと、ビールと認めてやらないぞ」と構えていたところに、メーカー側から「味本位で安く造れて売れるんだったら

「『ビール』の看板なんかいらねえよ」と居直られた格好、というのはうがちすぎだろうか。

と、一度はきれいに話がまとまったのだが、二〇〇三年にビール・発泡酒業界を震撼させる大事件が起こった。酒税法の改正により、発泡酒の税率が引き上げられたのだ。この動きにより、これまで安価でビールテイストを楽しむことができた発泡酒の価格が上昇。「安さ」が売りだった発泡酒を購入するメリットが薄らいでしまった。

しかし、翌二〇〇四年、ビールとも発泡酒とも異なる「新ジャンル」のお酒が発売。俗にいう「第三のビール」だ。この新ジャンルは簡単にいえば、「原料に麦芽を使うと税金をかけられるなら、麦芽を使わなければ税金を低く抑えられるんじゃないの?」という発想から生まれたもの。その後、酒税法が再び改正され新ジャンルの税率が上げられたが、ビールメーカーはこぞってさらなる「新ジャンル(第四のビール)」を発売した。第四のビールとは、発泡酒に麦原料のスピリッツを加えたもので、三五〇ミリリットルで一四〇円程度というお値打ち感と麦芽のうまみが特徴だ。

いずれにせよ、いま日本人が飲んでいるお酒の六割以上はビール(もしくは発泡酒、第三・第四のビール)なのである。よって「日本の酒といえばビール!」との主張は、しごく正当なものだろう。

蒸し暑い日本の夏、キンキンに冷やした瓶ビールを「ひとくちビールグラス」で飲むなんて光景は、日本の風物として定着した——言い換えれば他のビール飲みの国には絶対に見られない、日本独自の習慣である。

いやそれよりなにより、お父さんたちの居酒屋におけるビールの注文の仕方を見れば、現代日本人の気質というか性格というか心意気というか……は、如実に現されているではないか。キメのセリフはこうである。

「えーと、とりあえずビール。二本……ぐらい」

世界一、ビールを飲むのはどこの国の人？

最初にお断りしておこう。世界ビール飲み国民ランキングのトップはドイツ人ではありません。ビール王国という印象の強い、いや実際世界に冠たるビール王国のドイツだが、一人当たりの年間ビール消費量は一一五・八リットルで、これは世界第三位である（二〇〇六年。以下のデータも同様）。

ここで目先を変え、一人当たりではなくビールの国別年間総消費量を見てみよう。堂々第一位は中国で三五〇〇万キロリットル。日本のビールの大瓶に換算すると実に約五五三億本だから、一日約一億五〇〇〇万本の消費というものすごさだ。それでも国民一人当たりとなると、かの国は人口も多いため年間二七・六リットルで第五三位と一気にトーンダウンしてしまう。

ちなみにドイツは総消費量では第四位で、こちらは九五四万キロリットルである。そして日本のデータに着目すると、日本の年間ビール総消費量は六三〇万キロリットル。一人当たりの消費量は四九・三リットルで世界三八位。やっぱりドイツ人の半分も飲んでいない計算になる。

さて肝心の世界一ビールを飲む国民だが、もう見当はついただろうか。実はいま日本の主流となっているビールの母国ともいうべき国なのだが……。じらしてもしょうがない。答えはズバリ、チェコである。一人当たりのビール年間消費量は実に一六一・五リットル。大瓶で二五五本。チェコ人は日本人の三倍近い量をゴクゴクしてしまうビール飲み大国なのである。

チェコが日本のビールの母国だというのにはちゃんとした理由がある。話は一九世紀半ばにまでさかのぼる。それ以前もチェコではビールは飲まれていたが、当時の中欧で評価されていたのは低温で醸造する下面発酵ビール（＝ラガービール。詳しくは後述）だった。その本場はドイツのバイエルン地方である。

チェコのピルゼン地方でも、ビール醸造の歴史からすると古いタイプに分類される上面発酵ビールは造られていたが、品質ではドイツの下面発酵ビールにはかなわない。

そこで一念発起したピルゼンの人々は、本場のドイツから人材を招聘して「市民醸造所」を設立することになる。その醸造所で一八四二年に最初に造られた下面発酵ビールは、ドイツのビールに比べると明るい色のスッキリとしたタイプのものになっていた。これはもちろん両国の水や風土の違いから起きたことである。

さていかがなものかと飲んでみると、その出来ばえはまさに会心の作。これがピルゼンの名ビール、ピルスナー・ウェルケルだ。素晴らしいビールの誕生はたちまち各地の醸造家の知るところとなった。以来このピルスナータイプのビールは、世界の下面発酵ビールのお手本となったのである。現在の日本の主だったビールメーカーが生産するビールもピルスナーの流れをくむもの。チェコのビールに追いつけ追い越せと醸造されてきたものだったのだ。

ピルスナーは現代ビールのお手本。それを生み出したチェコ人はビール飲みのチャンピオン。覚えておきましょう。

日本人はいつ頃からビールを飲みはじめたのか

これはわかりやすい設問だろう。お察しのとおり、日本でビールは文明開化の頃から次第に飲まれるようになっていったのである。一八五三年の黒船、つまりペリーの来航のときに、スコッチウイスキーやビールがもたらされたという。

また同年に医学者だった川本幸民が、オランダの手引き書を元に横浜でビールの醸造を行なったという記録もある。これが日本人による最初の国産ビールの醸造である。

それ以前の記録となると、江戸中期に長崎・出島のオランダ人の通訳が著した『和蘭問答』という本に、オランダ商人が持ってきたビールを飲んだというくだりがある。初めてのビールという意味ではこちらが日本記録だろう。ごく限られた人間は、江戸時代にビールを口にしていたのである。

日本で商業的なビールの製造が始まったのは、やはり文明開化のお膝元である横浜だった。一八七〇年にアメリカ人のコープランドが、居住外国人のためのビールの製造と販売を行なったのがその起源だとされる。

最近でこそ「地ビール」ブームもあって、小規模なビール醸造所も日本各地に登場しているが、日本のビール生産は長らく大資本の寡占《かせん》状態が続いてきた。これは一九〇八年にビールの製造免許が年間生産一〇〇〇石（一八〇キロリットル。一石は一〇〇升＝一八〇リットルだ）以上の製造者にしか交付されなくなったため、零細なビール生産者が淘汰されてしまったことが原因だ。

その後も合併や再編を繰り返しながら、現在、日本の主要ビールメーカーは、アサヒ・オリオン・キリン・サッポロ・サントリーの五社である。昭和の時代にはキリンビールが「ガリバー型寡占」企業の典型として社会の教科書にも掲載されていた。シェア七〇パーセント以上は当たり前の、泣く子も黙る「キリンラガー」を主力商品としてきたこのビール業界の巨人が、ビール界の革命児「スーパードライ」で殴り込みをかけてきたアサヒビールに、ついに四八年ぶりに主位の座を逆転されたのは二〇〇一年のことである。

発売当初は「軽すぎてビールらしくない」「金属のスプーンを舌に押しつけたような平板な味だ」などと、「麦芽志向」の強いビール党からは批判も起こったスーパードライだが、スーパードライを主力商品とするアサヒビールのシェアは二〇〇八年に初めて、五〇パーセントを超える見通しだ。「ビールとは何か」という定義やスジ論（？）、味覚を巡る論議はどうあれ、同製品は消費者の支持も磐石《ばんじゃく》な、ビール界の大巨人となっている。

スーパードライはキリンラガーを追い落とすかたちとなった。味覚に関してはかたくななまでに保守的なヨーロッパ社会とは対照的に、ダイナミックに変貌を続ける日本社会では、国民に支持されるビールのタイプも数年から数十年単位で大きく変わっているのである。

ところであなたは「スーパードライ」お好きですか。

ビアホールのビールは特注品か

「ビアホールで飲む生ビールは美味い」というのは、ビール好きには常識だ。特にそれがビールメーカーの直営店だったりするとその味わいは格別で、まさに一味違うジョッキの生ビールを味わうことができる。

では専門店で飲むビールは、我々が酒店で買う普通のビールとどう違っているのだろうか。それを調べてみると、とても意外な結果が出た。というのも、直営店だろうがビアホールだろうが小売り用に瓶詰めしたものだろうが、少なくとも大メーカーのビールの場合、モノはまったく同じだというのである。

地ビールやごく少量生産されている特別なものならいざ知らず、大手のビールメーカーの大工場では、一般的なビールは大工場のラインで生産されている。それを「ビアホール用」「小売り用」とわざわざ造り分けるほどきめこまやかな対応は、現実的な問題としてメーカーとしては不可能なのだという。そう聞かされればごもっともな話ではある。

　では飲む人間が実感する、専門店のビールの「一味の違い」はどうして生まれるのか。これはむしろビールができたあとの問題が大きい。工場から直送されたばかりのビールをすぐに飲めばフレッシュなのは当たり前だろう。商品の回転がよければ、ホールには常に新鮮なビールが提供される。またこうした店では温度管理なども徹底していて、ビールを最良の状態に保つことができる。

　さらにビアホールなどの専門店には、クリーミーな泡の出る上手なビールの注《つ》ぎ方ができる店員もいるし、客のほうに自分はいまビアホールでメーカー直送の特別美味しいビールを飲んでいるという「心理効果」も充分に働いている。

　専門店のビールが美味いのにはそれなりの理由はあるが、ビール自体が特別な製品なわけではないというのが真相である。

家庭で美味しくビールを飲むには

　小売り用だろうが業務用だろうがモノは同じだというのなら、我々の家庭でもビアホールなみに美味しいビールを飲むことは可能なはずではないか。同じように出荷されたビールがなぜ不味くなってしまうかを明らかにできれば、逆に家庭で美味いビールを飲む方法も見えてくる。

もちろん一般家庭でメーカーからビールを直送してもらうわけにもいかないから、小売店で買ったビールをベストコンディションで味わうのが、我々の目指す方向となるのは自明のことだ。

酒類全般にいえることだが、酒の品質を落とす最大の敵は紫外線と温度の急激な変化である。店先にビールケースを積み上げ、ビールがポカポカと日向ぼっこをしているような店では絶対にいかなる酒も買ってはいけない。どんな種類のものであれ、陽の当たる場所に商品を出してしまっているような酒屋はダメな店――これは真理である。

また、適切な状態で保管されていたとしても、瓶詰めされてから時間が経過しすぎたビールはNGである。瓶に入ってもなお熟成し、美味くなるのは高級ワインと沖縄の泡盛《あわもり》の一部くらい。度数の低いビールなど、数カ月も寝かせていればそれが賞味期限内であれプラスの要素は何もない。商品の回転のいい店、つまり流行っている店で、ラベルに記された製造年月日が古くないビールを選ぶ。これが大前提である。

次に問題となるのは、いよいよ飲むぞというときのビールの注ぎ方だ。プロが注意を払って注いだビールと素人が漫然と注いだビールの最大の違い、それはクリーミーな泡の有無なのだ。きめこまやかでいつまでも消えない泡には、突き刺した爪楊枝が倒れずに立っていたりする。いや、ことは美的効果ばかりではない。ビールにこの泡があることで、過度な炭酸の刺激を抑えられる。そのうえ長く消えない泡には、ビールの気が抜けるのを防いでくれる効果もある。

さて、家で飲むビールでも限りなくプロに近い泡を簡単に再現することは可能だ。ぜひすぐにお試しを。

まず、グラスにはある程度の大きさが欲しい。ジョッキがなくても二五〇ミリリットル以上の容量のタンブラーは用意したいもの。そしてビールの泡立ちの大敵はグラスの汚れである。ゴミやホコリが付着していては泡立ちが悪くなってしまうので、事前に必ず洗っておく。よくよく洗ったグラスにビールをドクドク……なのにちっとも泡立たない。これもよくある話である。今度はグラスに洗剤が残っていたのだ。こちらも泡立ちをてきめんに悪くする。

グラスを清潔に洗い、洗剤も完全に落とした。そしたら布で拭くのはやめましょう。布の繊維がくっつけばホコリと同じことである。プロがそうしているように逆さに立てて水を切り、自然に乾燥させるのがベストである。

注ぎ方でここまで違う泡の出方

いよいよグラスにビールを注ぐ。元のビールは瓶でも缶でもかまわない。なにしろ中身は同じなのだ。コツはただ一つ、なるべく上のほうから、細い滝のようにグラスに入れてやることである。注ぐ勢いはチョロチョロとドボドボの中間くらいが目安だ。

こうすると当然ながらグラスの中は八割方泡だらけのビールになる。そして上のほうの大ぶりな泡は、見る間にパチパチとはじけて消えていく。その大ぶりな泡があらかた消えた頃、再び高く掲げたビールを注ぐ。泡がグラスからあふれないように注意しながらこれを三〜四回繰り返せば、驚くなかれビアホールなみにクリーミーな泡がグラスの上部をおおっているはずだ。最後に、今度は泡立たせすぎないように気をつけながら、泡の高さを調整するためにグラスの淵から静かにビールを注ぐ。

時間にして二〜三分。これだけの手間をかけるだけで、家でも居酒屋でもメーカー直営店クラスのクリーミーな泡とまろやかな味わいをもったビールがだれにでも飲めるようになるのだ。

なおクリーミーな泡は、濃いというか、麦芽の多いビールほど発生しやすい。ヱビス

【美味いビールの注ぎ方】

高い位置から注いで
泡を大量に立たせる
大きな泡が消えるのを
待って、2～3回注ぐ
泡を消さずに
静かな仕上げの注ぎ
クリーミーな泡が立った完璧なビール

ビールなどはしっかりと努力に応えてくれることだろう。逆に発泡酒などのスッキリ系の飲料ではあまりうまく泡立ってはくれないのである。まあ「ビアホールの味わいの発泡酒」に期待するビール通はあまりいないとは思うが念のため。

素朴な疑問。なぜビールには炭酸が入っているのか

そもそもどうしてお酒ができるのかが、つまりアルコール発酵の仕組みが明らかになったのは、酒の歴史から考えるとごくごく最近、一九世紀も後半になってからのことだ。細菌学の巨人・パストゥールが、アルコール発酵は微生物の働きによるものという大発見をしたのである。

それまでは、ブドウジュースを放置しておけばワインができるし、麦芽を放置しておけばビールができるといった事実からスタートし、酒を造る職人たちが長い歴史の中で経験的に醸造技術を磨いてきただけだったのである。

我々は重力のある地球で生きているが、なぜ重力が存在するのかという原理は解明されてはいない。かつての酒の職人も、酒ができる現場で働き技術は磨いても、酒のできる理論にまでは思い至らなかったことだろう。

さて、そろそろ見出しの疑問を考えよう。なぜビールには炭酸が入っているのかである。これも理系で化学の得意な人には常識だろうが、アルコール発酵の仕組みとは、糖分が酵母の働きでアルコールと二酸化炭素に変化するというものだ。二酸化炭素とはもちろん炭酸ガスのことである。

つまりどんな醸造酒にも炭酸ガスは必ず含まれている。「醸造酒」とはビールやワインや日本酒や老酒《ラオチユウ》など、果実や穀物を発酵させて造る酒の総称で、醸造酒をさらに蒸留して造る、度数の高い「蒸留酒」と区別される。ちなみに蒸留酒の仲間は、ウイスキーや焼酎やブランデーやラムなどである。

ビールだけではなく日本酒にもワインにも、すべての醸造酒には必ず炭酸ガスが含まれている。日本酒の中でも発酵を止めていないドブロクなどは、発生する炭酸ガスの勢いでふたを飛ばしてしまうこともよくあるし、若いワインなどでは舌に炭酸ガスがピリピリと刺激を与えるものも少なくない。

ただほとんどの醸造酒は、通気できる状態で熟成されたり保存されたりするため、早い話、やがて気が抜けてしまうのだ。ところがビールの製造は密閉状態で行なわれる。だから樽や瓶に詰められた段階の炭酸ガスがそのまま残っている。シャンパンに炭酸ガスが含まれているのとよく似た理屈である。

古代のビール

パンから造っていたビール!?

いま我々が一般的に口にしている、日本のメジャーなビールの原型はチェコのピルスナータイプのビールで、その誕生は一八四二年だと書いた。とはいえもちろんそれ以前からビールは造られていた。では歴史上もっとも古いビールはいつ頃この世に登場したのだろうか。

いま残っている最古のビール製造の記録は、驚くなかれ紀元前三五〇〇年頃のメソポタミア文明にまでさかのぼる。シュメールの楔《くさび》形文字で、石版にビールが造られていたことが記されているのだ。つまりビールの歴史は人間の文明と同じ。歴史上もっとも古い部類の酒なのである。なお紀元前三〇〇〇年頃のエジプト文明の発生当初にも、ビールは人々に飲まれていたと記録されている。

では文明の興った当時から、人々はジョッキを片手に冷えたビールを「プッハーッ！」と楽しんでいたのか……となると話は違ってくる。いまのビールは、まず大麦（二条大麦）を発芽させて麦芽にし、酵素の働きでデンプンを糖化させる。その糖分が発酵してアルコールと炭酸ガスに変わるのだが、古代には麦芽を発酵させるという発想はない。

とはいえ穀物を糖質に変えなければ、麦のままではビール造りは不可能だ。その点をどうクリアしていたのか。実はいまでも大変ポピュラーな、麦を糖化させる方法を利用していたのだ。それはパンである。パンを作るときには、練った小麦粉にイースト（酵母）を加えて発酵させる。これがまさしく糖化の過程そのものなのである。日本酒を造るときには米に麴菌を加えて糖化する。つまり米麴を造る。パンにイーストを加えるのはそれと同じことである。

古代のビールは焼き上がったパンを水に漬け、それを発酵させたものだったのだ。もちろん当時は冷蔵の技術もないし、密閉した工程でビールが造られるわけでもないから、残念ながら冷え冷えのビールの炭酸を味わってからの「プッハー！」は望むべくもなかったのだ。

また我々が口にするビールの苦みとコクの決め手となっているのはホップだが、これがビールに加えられるようになったのは一一世紀後半のヨーロッパでのことである。そしてビール王国のドイツで「ビールの材料は大麦・ホップ・水だけ」と定めた「ビール純粋令」が発令されたのが一五一六年だから、古代のビールは我々が口にしたとしても、とてもビールだとは思えないような飲み物だった可能性が高い。

実際、古代からワインを愛飲していたギリシャやローマの人々は、文明の中心だと自負する彼らから見て辺境の民だったゲルマン系の人間の飲むビールを「下等な飲み物」と決めつけている。

なおパンから造るビールはいまも健在だ。ロシアに伝わるクワスがそれ。パンを水に入れて発酵させて造るのだから、シュメールやエジプトのスタイルを守った超伝統飲料だ。

生ビールは何が「生」なのか

いま日本で飲まれているメジャーなビールは、大多数が「生ビール」である。では生ビールとは、何が「生」なのだろうか。

大麦の麦芽をアルコール発酵させてビールにするのは酵母菌の力である。そして酵母菌は直径一〇ミクロン（一ミリの一〇〇分の一）ほどの小さな菌。適温のビールを酵母が生きたまま放置しておけば、当然ながら発酵は進み、菌は増殖していく。もちろんビールの中の糖分がすべてアルコールと炭酸ガスに変えられてしまえば、食べる養分がなくなるのだから酵母菌も生きてはいられなくなるのだが、酵母菌そのものやその滓《かす》は、澱《おり》としてビールに残ってしまう。

そのため現代のように冷蔵技術が発達する以前は、できあがったビールを瞬間加熱・殺菌をすることによって酵母菌を殺し、ビールの品質を安定させていた。いや、近年までは日本でも加熱殺菌ビールが主役。その代表選手は、長らくビールの王者として君臨し続けた「キリンラガー」である。

ただし現在販売されているキリンラガーは生ビールである。ビール業界を席巻したアサヒスーパードライにビール単品としての売り上げ主位の座を奪われた焦りからか、キリンは一九九六年に方針を大転換して、加熱処理したビールだったラガーを「生」として再デビューさせている。

とはいえこの事実はキリンビールにとってはあまり嬉しいことではないらしく、同社ホームページの「ラガービール」のページを見ても、そのあたりの経緯には一切触れられていない。

余談だが、九五年以前の熱処理したタイプのラガービールは、「昭和四〇年頃の味」を復活させたというコンセプトで「キリンクラシックラガー」として復刻販売されている。
かつて日本のビールの王者は生ビールではなく、加熱処理されたキリンラガーだった。だから「加熱処理されたビール＝ラガービール」というのが一般的な認識にもなっていた。「かたやラガービール、こなた生ビール」という構図である。だがこれは大間違いなのである。この誤解については項を改めよう。

さて、もうおわかりだろう。生ビールとは加熱処理を行なっていないビールのことである。ビールのビンや缶をよく見ると、「生」の文字の近くに「非熱処理」『熱処理していません」などと書かれているのに気づくはずだ。熱処理をしていないということは、酵母菌を殺していないということである。

となるとまたもや心配なことが出てきた。常温でビール瓶を放置していると、ビールの発酵が進みすぎて味が悪くなったり、ビールの中に酵母菌のかたまりが、「紅茶キノコ」の菌のように発生したりするのではないか。

実はそんな心配はご無用なのである。ここでのキーワードはやはり「非熱処理」である。つまり生ビールの表示は「熱処理していない」とは明言しているが、「酵母菌を残している」とはどこにも書いていないところがポイントなのだ――この説明ではますます訳がわからなくなるだけか。

ビールがタンクの中で発酵して若ビールができるまでには五日ほど。これを低温で二カ月ほど熟成したあとビールは出荷されるのだが、現代の生ビールはその最終段階で酵母を加熱殺菌こそしないものの、それに代わるハイテク処理が施されているのである。それが「濾過」という工程だ。

通常は二回の濾過を行なって、熟成を終えたばかりの生ビールから酵母やタンパク質を取り除く。これが可能になったのも、セラミックフィルターというハイテク装置が登場したからだ。つまり酵母菌より目の細かいフィルターを通過させるため、加熱する前の生ビールの味わいは保ちながらも酵母は完全に除去されたビールが造れるようになったのだ。

我々がいつも口にしている生ビールとは、「酵母が生きたままの風味を保った、酵母ゼロのビール」という、一風変わった生（なのか?）ビールなのでした。

ラガービールをめぐる誤解を晴らす

ラガービールがノン生ビール、加熱処理ビールだというのは誤解だと述べた。ではラ

ラガービール!?

ガービールってどんなビールのことなんだろう。実は練習後のラグビー選手たちがゴクゴクと飲んだからラガービール——英国もビールの本場の一つだから、けっこう説得力がありませんか。

ただしこちらは英語に通じている人からはすぐに否定されてしまう珍説だ。ラグビー選手は「rugger」だが、ビールのほうのラガーのつづりは「Lager」だからだ。この語源はドイツ語で、意味は「貯蔵」のことである。

近代以降のビールには大きく二つの潮流がある。一つは英国流の「上面発酵ビール」で、もう一つがドイツそしてチェコがリーダーとなった「下面発酵ビール」である。上面と下面の違いは発酵の際に酵母の浮かぶ位置というか、酵母の種類の違いだ。上面発酵ビールの酵母はプカプカと浮かぶため、発酵は液体の上面で盛んとなる。これに対して下面発酵ビールの酵母は、発酵の終わりに容器の底に沈んでくるのだ。

まあ発酵中の酵母の位置など、一介の酒飲みにはさほど（まったく？）問題ではない。覚えておきたいのは①上面発酵ビール＝古いタイプのビール＝英国式②下面発酵ビール＝新しいタイプのビール＝英国以外の世界中という二点である。下面発酵ビールが造られるようになったのは、一五世紀のドイツ・バイエルン地方においてだとされているが、当時のビールの主流はあくまでも英国の上面発酵ビールだった。いまでも英国で愛飲されている「エール」がその代表である。

それが一九世紀の半ば頃から、チェコやドイツやデンマークなどで高品質の下面発酵ビールが誕生するようになり、やがてはアメリカや日本にもそちらのタイプのビールが広まり、世界の圧倒的な主流となるのだが、誇り高き英国人たちはこうした下面発酵ビールのことを「コンチネンタルビール（大陸のビール）」「ラガービール」と、蔑意を込めて呼び習わしたのである。

つまり下面発酵ビール＝ラガービールである。ということは、キリンラガーもアサヒスーパードライもサッポロ黒ラベルもサントリーモルツも、あるいはバドワイザーもハイネケンも、カテゴライズすればすべてラガービールに分類されるのである。

だからキリンの「生のラガービール」は、言葉の定義の問題としてはまったく問題なしである。キリンビールがラガーを生タイプに変更する際にも、同社はこうした広報を行なっていた。それを「苦しい言い訳」と評した大新聞があったが、これは新聞社側の大いなる勘違い・勉強不足である。

ロンドンのパブといえばやっぱりギネス!?

答えは断然「ノー」である。なぜならギネスは英国の会社ではないからだ。同社はダブリンに本社を置く、アイルランド共和国の会社なのである。

唐突で恐縮だが、英国の正式名称をご存じだろうか。「グレートブリテンおよび北アイルランド連合王国」という長い名前がそれに当たる。ヨーロッパ社会では「英国(この場合はブリテン)」とは、イングランド・スコットランド・ウェールズ・アイルランドの四カ国からなる連合国として認識されている。日本でポピュラーな、でも日本以外では世界のどこでも通用しない「イギリス」とは、イングランドが転じたものである。

そしてラグビーのファンの方ならご承知だろうが、このスポーツの国際試合ではブリテンとアイルランドの四カ国は、それぞれ独立した国家として参加している。ここで面白いのはアイルランドだ。現在でも英国領の北アイルランド以外のアイルランドは一九二一年に英国から独立している。そして英国国教会の影響下にある北アイルランドでは、カトリック国である母国（？）アイルランドと英国との間で、歴史・宗教・政治的に難問を抱えてきたのはよく知られる。

ところがことラグビーに関しては、アイルランド協会はアイルランド共和国と北アイルランドを統括する一つの協会となっているのだ。ただし同じフットボールでもサッカーの場合は代表選手の資格に厳密な国籍主義をとっているため、アイルランドと北アイルランドは別の国になる。

またロンドンはもちろん大英帝国の首都ではあるけれど、こうして四カ国に分けた場合にはイングランドの首都としかみなされない。ちなみに他の三カ国の首都は、スコットランド＝エディンバラ、ウェールズ＝カーディフ、アイルランド＝ダブリンで、それぞれ国歌も国旗も持っている。

さて、創業一七五九年と長い歴史を誇るアイルランドの大ビールメーカー・ギネスの主力商品は黒くて濃厚な味わいの「スタウト」だ。もちろんイングランドにも数多く「輸出」されてはいる（いやロンドン工場もある）が、ギネススタウトの本場はあくまでもダブリン。味わうべき店はロンドンパブではなくてアイリッシュパブである。ちなみにスタウトはビールのタイプとしては古いタイプの上面発酵ビールである。さらにいえば、アイルランド人はチェコ人に次いで世界第二位のビール飲み国民だ。

ではかの有名なロンドンのパブで飲まれているビールとは何か。意外と知られていないのではないか。タイプとしては「エール」という、上面発酵ビールである。知っていましたか。イングランドのエールの五大メーカーは、バス、カレッジ、アライド、ウィットブレッド、スコティッシュ・ニューキャッスル。こちらの名前に聞き覚えはあるだろうか。まだまだ日本では知られていないのが実情だろう。

とはいえロンドンにおいてすら、パブのエールにはどちらかといえばオヤジ臭さが漂っていなくもない。若者たちが口にするのはラガービールが圧倒的に主流だという。古きよき伝統をヤセガマンしてでも重んじる英国紳士のプライドがエールを支えているといっても過言ではあるまい。ちなみに英国紳士はエールを室温で飲む。冷やしたほうが美味いのではないかと思うのだが、彼らはかたくなに室温で飲む。エールは昔からそういう飲み物だからだ。

なおギネスのスタウトも元々は室温で飲むのが一般的だったが、いまでは本場でも五度前後と、かなり冷やして飲むのが当たり前になっている。この製品は日本にも樽と缶で輸出されているが、面白いのは缶入りギネス。缶の中に直径1センチほどのプラスチックの球が入っているのだ。

ふたを開けると缶の内部の圧力が下がる。そして球が動いて渦を巻き、缶の中にクリーミーな気泡を生み出すのだ。そのまま注いでみると、名手がサーバーから注いだような、それこそマッチが立つようなきめ細やかな泡を作り出す仕組みである。オールドスタイルの上面発酵ビールには、意外と芸の細かい一面もあるのだった。

ギネスなみに勘違いされるビールメーカーといえば

ギネスがイングランドのビールだと思われがちなように、日本でその生い立ちを勘違いされがちなビールは他にもある。

「バドワイザー」はアメリカのビール所（?・）ミルウォーキーのビール。そういえば大リーグにミルウォーキー・ブリュワーズというチームがあるが、ブリュワーとはまさしく醸造所のこと。京都に伏見サカグラーズなんて名前の球団がある感覚だ。これぞアメリカといったコスチュームのバドガールの宣伝効果もあって、バドワイザーがアメリカのビールというイメージは強烈だ。

青島《チンタオ》ビールが中国のビールというイメージも定着しているだろうし、コロナビール（メキシコ）やサンミゲル（フィリピン）、シンハー（タイ）あたりになると知る人ぞ知るといった製品ではあるが、原産国をまるっきり誤解されていることはかえって少ないはずだ。知らない人にとっては、初めから「何それ?」な存在だからである。

ビールとしてはメジャーで、日本で名前もよく知られていて、なのに思い切り勘違いされているビールの代表格といえば「ハイネケン」と「カールスバーグ」ではないだろうか。どちらもドイツビールだと思われがちである。ドイツはもちろん名にし負うビール大国だが、それこそ町ごとに醸造所があるといった様相で、その総数は六〇〇〇ともいわれる。だからヨーロピアンビールの大メーカーは、むしろドイツ以外の国にある。

もちろんハイネケンもカールスバーグもヨーロッパを代表するビールメーカーだが、カールスバーグの本拠地はデンマークのコペンハーゲン、ハイネケンはオランダのロッテルダムである。いずれも一九世紀にラガービールの大工場を建設することで近代産業としてのビール工業の先駆けとなったメーカーだ。

ちなみにカールスバーグは、同社の技師が一八八一年に良質の酵母だけを選別して純粋培養する技術を生み出したことで、それ以来、世界のラガービールの品質は格段に向上することになった、美味しいビール中興の祖ともいうべきメーカーなのである。

ホップがなければビールじゃない

国産ビールの中でもヱビスビールなどは、ドイツの「ビール純粋令」に適合した麦芽一〇〇パーセント、副材料の使用なしをウリにしている。この場合の副材料とは米やコーンやスターチなどで、もちろんドイツに比べると純粋ではない（?）日本の法律上は、使用することに何の問題もない。

しかし「材料は麦芽一〇〇パーセント」という表現は、率直にいえばウソである。そうそう、水だって使っているではないか……って、小さい子どもじゃないんだからそんな屁理屈までは言わないが、ビールの原材料として絶対に欠かすことのできないものを抜きにして語っているからだ。

それがホップである。もちろん麦芽一〇〇パーセントはものの言いようというやつで、麦芽一〇〇パーセント派（?）の雄・ヱビスビールだって「ひと言で『苦味』といっても、さまざまな苦味があります。良質の苦味、舌に残る苦味。ヱビスの苦味は、飲みほした瞬間、ノドでスッと消えてしまう、気持ちいい苦味。その秘密はホップです。ヱビスは、ドイツ・バイエルン産の厳選されたアロマホップを贅沢に使用。『良質の苦味』をこ

ビールに独特の苦味と爽快さを生むアロマホップ

こから生み出します」と、味の決め手としてのホップを強調している。

というわけで、ビールの味わいにホップが大きな役割を果たしているらしいことはおわかりいただけたと思うが、そもそものホップとはどんなものなのかご存じだろうか。

「ホップ」は辞書にも載っている。「クワ科の蔓性多年草。雌雄異株。北半球の温帯に広く自生し、日本にも自生するカラハナソウとは同種とされる。楕円形松毬状の果実を結ぶ。子房や包葉に生ずる黄粉（ホップ腺）に芳香と苦味があり、ビールに香味をつけるのに用いる」（『広辞苑』）。

上面発酵・下面発酵を問わず、ビールに独特の苦みや風味をつけるための工夫は昔からさまざまになされてきた。ショウガやパセリやクルミの葉なども漬け込む材料にされたという記録が残っている。こうした味付けの材料のことを「グルート」と総称したが、一一世紀のドイツでは、すでにビールにホップを添加したという記録が見られる。

ビール好きにはビールを一晩でダース単位で飲み干した、なんて逸話を持つ人も少なくないが、そういう話を聞いたときのお約束は「水ならとてもそんなには飲めないのに、なんでビールは……」との反応だろう。実はこのホップのほろ苦さと後味のよさこそ、ビールの飲み飽きなさの源泉と考えられている。

さらに近代以前の醸造家にも、ホップは福音をもたらした。ホップには抗菌作用もあって、ホップをグルートとして利用することで、製造途中でビールが腐ってしまうリスクも激減したからだ。

なおホップにはアロマホップとビターホップの二種類があるが、ビターホップは苦みが強すぎるため、ビールに使われているのはアロマホップが主流となっている。

ビール造りに絶対欠かせないもの——それは水と麦芽とホップである。

利ビールのすすめ

酒類のよし悪しを判断する検査は「利酒《ききざけ》」である。メーカーの技師や国税庁のお役人などは、業務としてそれを行なうわけだ。

ビール党としては自分の味覚の向上のため、あるいは単なる楽しみのためでもいい、利酒を行なえば間違いなくビールに対する識別能力はアップする。そして対象となる商品の入手の容易さからいっても単価のことを考えても、「利ビール」は庶民にもっとも手を出しやすい利酒である。

毎日のようにお酒の類を口にする人でも、同時に複数の酒を真剣に味わい比べたことのある人は少ないはずだ。もっとも居酒屋の隣のテーブルでそんなことをしている人がいれば、引いてしまうのが普通かもしれないが。

しかし利ビールは酒席でのゲームとして試してみても、いい大人が熱くなれること必至のスグレモノである。ただし根拠のない味覚への自信はかなり明確に打ち砕かれるかもしれないので、それなりの覚悟は必要だ。

そういえば「お父さん世代」を中心に、ビールへの味覚に自信を持つ人は昔から少なくなかった。「キリンラガー」が全盛の高度成長時代、大手三社（キリン、サッポロ、アサヒ）のビールは、こういってはなんだが似通ったものだった。それでも自信満々のお父さんは決まって言ったものだ。「いや、キリンだけはわかるんだよ。苦みが他のとは違うから」と。ところが当時実際に行なわれた三社のビールの味比べを見る限り正答率は極めて低い。その自信はいかに根拠のないものだったかがよくわかる。

さて、現在では市場に流通するビールのタイプはバラエティーに富んでいる。利ビールを行なうには、あまりにも味のかけ離れたものを用意しても意味がない。「アサヒスーパードライ」と「ギネススタウト」の区別がつかない人はさすがにいないだろうから。とはいえ何の情報もない状態でビールを飲んで、そのビールの銘柄を当てるなんてまず不可能である。適切だと思われるのは、数種類のビールで銘柄を隠したものとオープンにしたものの両方を用意し、どれとどれが同じかを当てるテスト。ビールだけでなく発泡酒を加えてもいいだろう。

四種類から八種類の市販のビールと紙コップを用意する。紙コップにはアルファベットなどの記号を付しておき、世話役の人間はあらかじめその銘柄をメモしておく。もう一方には瓶でも缶でも、銘柄を隠さないビールを出しておき、そちらは自分で注いでブランドを隠した紙コップのビールと飲み比べ、そのビールの銘柄を当てていくのである。極めて単純なテストである。

とはいえ四種類のビール同士を当てるだけでもなかなかの難物であることは、実行すればすぐわかる。我々が行なった結果では、八種類をピタリと当てた者はいまだかつて皆無。それどころか自分で選びやすそうな銘柄を指定した四種類の利ビールでも、全問正解者は極めて少ないのが実情だ。自称ビール通を集めてぜひお試しを。

ビールの大瓶の容量はなぜ六三三ミリリットルなのか

瓶の形こそ多少は違っているものの、国産ビールの大瓶の容量はすべて六三三ミリリットルである。ちなみに中瓶は五〇〇ミリリットルで小瓶は三三四ミリリットル。この半端な数字を前にしてまず頭に浮かぶのは、これが昔の容積単位の近似値なのではないかということだ。

そこで一合は約一八〇ミリリットルだからと電卓をはじいてみると、もしかして三・五合入りってことかと推測可能。では三三四ミリリットルのほうは……一・八合くらい。どうにも半端な数字である。

ことの真相は極めてベタな理由からだった。歴史は少々さかのぼって明治維新の頃、明治の新政府が打ち出した国策はもちろん「富国強兵」である。そのためには国家に財源が必要だ。いつの世も為政者の考えは同じである。国の収入を増やすにはもちろん増税がいちばん手っとり早い。かくして日本にも酒税が導入されることとなる。だからこそ日本でお酒を管轄しているのは、農水省でも厚生労働省でもなく、財務省（国税庁）なのである。

酒税には何度も改訂が加えられてきたが、一九四〇（昭和一五）年三月というから太平洋戦争勃発の前年に、ビールにかかる税金は出荷量に応じて課税される「ビール税」に統一されることになったのである。

当時、瓶ビールは大瓶と小瓶で出荷されていたが、その容量にはメーカーによって微妙なばらつきがあった。徴税官としては不公平があってはならぬという職務に忠実な思いから（?）、それを厳密に量ってみた。その結果、大瓶のうち最小の瓶は六三三・一六八ミリリットル入りで、最大の瓶は六四三・九九二ミリリットル入り。そこには一〇・八二四ミリリットルの誤差があったのである。

そこで出された結論は、「最小のものに統一すれば、瓶を無駄にせずにすむ」というもの。これは戦況芳しくない一九四四（昭和一九）年の決定なので、建前はともかく、たとえ一〇ミリリットルでも課税できるビールは無駄にしたくないという切なる思いが伝わってくるようではないか。というわけで、お役人が量ったそのままの数字を当てはめたのが、ビールの大瓶の容量なのである。小瓶の場合も同様の経緯があって、現在の数値に落ち着いている。

ちなみに中瓶は新参者なので、キリのいい数字を選ぶことができました。

ビールはダイエットの大敵か

「ビール腹」なんて言葉もあるほどで、ビールを飲めば太るというイメージには根強いものがある。ところがその科学的根拠となると、けっこう曖昧《あいまい》な部分もあるようだ。

一般的なビールの大瓶のカロリーは約二五〇キロカロリー。これは大きめの茶碗一杯のご飯とほぼ同じ熱量である。ただし、同じ熱量であってもご飯のデンプン質と違ってアルコールは体内で燃焼されてしまうため、ビールはご飯に比べると、実はずっと太りにくいのだ。

ビールを飲む人が太りやすいのはビールの責任ではなく、ビールによって食欲を刺激され、ついつい食べすぎてしまうためだ。その結果として太るだけであって、ビールが直接肥満の原因になるわけではない――ビール関係者の代表的な意見である。あるいはビールを飲むと炭水化物を摂取したくなり、ついラーメンやお茶漬けを、遅い時間に食べることになりがちだからだともいう。

しかし冷静かつトータルに考えれば、これはやっぱりビールの責任だろう。科学的にはビールが「主犯」ではないのかもしれないが、共同正犯に限りなく近い共犯くらいの存在ではある。なにより生活の中でビールをよく飲む人は、現実には太っていることが多い。それに副食物をとらずにビールをがぶ飲みしていては、間違いなく他の栄養が不足してくる。というか、ビールを飲んでいれば食が進むのが道理である。

ビールを擁護する心地よい能書きはどうあれ、ビールを飲みたいだけ飲んでしかも太らないなんて都合のいいことはまず起きてくれません。そう思ったほうがいいだろう。

地ビールブームの背景にあるもの

「銀河高原ビール」や「エチゴビール」など有名ブランドも出現して、いまやすっかり定着した地ビール。醸造所も日本全国で二五〇を超えている。

ここ数年でにわかにふえてきた地ビールだが、これは政府の「規制緩和」政策の賜物である。それまでは造りたくても造れなかった地ビールを、各地の醸造者が気軽（とまではいかないのだが）に造れるようになったのは、一九九四年にあることが起きたからだ。日本の酒税法では、販売が目的ではなく自分一人の楽しみのためであっても、酒造免許のない者が酒を造ればそれだけで罪になってしまう。酒税法違反の密造というわけだ。ちなみに酒税法でいう「酒」とは、アルコールが一パーセント以上含まれた飲料のこと。合法的に酒造を行なうにはオカミの「免許」が必要となる。ビールの場合、酒造免許が交付される条件の一つとして、年間の最低製造量が定められている。それが九四年までは二〇〇キロリットル以上となっていた。

これはビールの大瓶に換算すると約三一万六〇〇〇本。ようするに「企業」のレベルでなければ参入など事実上不可能だったのだ。それが年間六〇キロリットルに改められたのが、この年の出来事だったのである。それでも大瓶で九万五〇〇〇本ほどになるが、販路を持っている酒造メーカーが子会社を作ったり、なかには脱サラでブリュワリー（醸造所）を起こしたりと、さまざまな参入者が登場したのである。

地ビールはメーカーによって造られる製品のタイプも実に多様で、上面発酵のエールやスタウト、下面発酵のラガーなどなんでもありの状態だ。勤勉さと細やかな品質管理という日本人の特性を生かした、新しい個性を持ったジャパニーズビールが百花斉放《ひやっかせいほう》となるか、一時の浮かれたブーム、時代の徒花《あだばな》で終わるのか、正直まだまだ予断は許さないところだ。

自家製ビールの道具あれこれ

ホームメイド・ビールの楽しみ方

無許可のビール製造は、どんなに少量だろうと酒税法違反という罪になる。罪にはなるが、そこそこの根気とマメさがあれば、都会のアパートで独り暮らしする個人にだってビールを造ることは可能だ。またビール製造キットも、こちらは違法でもなんでもなく、ホームセンターなどでも堂々と売られている。

大麦やホップの栽培から始めたいという奇特な人は満足できないかもしれないが、タイプ別（ラガー、エール、スタウト、ビター……）に麦芽とホップを配合したビールの素も、ネット通販などで容易に入手可能だ。

重ねていうが、ビールの製造はまぎれもない酒の密造で違法行為である。ホームメイド・ビールのキットにも、あくまでもビール「風」飲料の造り方の説明がされているだけで、説明書には「ここで砂糖を加えると二次発酵が起きて本格的なビールができてしまうので気をつけてください」などと、やってはいけない具体例を手順まで事細かに親切に示しながら、「違法行為」に対する注意が喚起されていたりする。

もちろんビール風飲料を造るつもりであっても、うっかりとやってはいけない説明のほうに従ってしまうと本物のビールになってしまうし、ホップ以外の味付けを工夫したりすればオリジナル・ビールを造ることもできる。欧米では盛んなホームメイドビール・コンテストを、誤ってビールを造ってしまった仲間と催して情報交換などをすればさらに腕も上がろうというものだ。

労力という人的コストまで考えれば、どう考えたって市販のビールを買ったほうがはるかに安上がりではあるが、自作ビールには手造りならではの味わいと歓びがあふれている。こちらで腕を磨き、やがては地ビールの醸造所を立ち上げれば、実業家への道も開けるかも。

焼酎について

甲乙つけ難く……はない、焼酎の世界

日本酒と並ぶ日本古来の酒は、焼酎と泡盛《あわもり》である。日本酒の蔵元が約二〇〇〇軒あるのと比較すれば、数のうえでは約一〇〇〇軒と遠く及ばないものの、全国四七の都道府県に、焼酎の製造所はある。

ところで、まだ記憶に新しいが少し前まで焼酎には「甲乙」がつけられていた。というか二〇〇六年まで焼酎は酒税法上「甲類」と「乙類」に分けられていたのだ（現在は旧甲類＝連続式蒸留しょうちゅう、旧乙類＝単式蒸留しょうちゅう）。そして、ここでいう日本古来の酒とは、旧焼酎乙類のことである。

旧焼酎乙類の定義は「醪《もろみ》を単式蒸留した焼酎であること」だ。ウイスキー工場の写真などで、アルコールランプが巨大化したような銅製の釜を見たことはないだろうか。単式蒸

留機（ポットスチル）とはあれのこと。もちろん焼酎の蒸留機はウイスキーの蒸留機とは異なるが、原理はまったく同じである。

そのもっとも大きな特徴は、乱暴ないい方になるが、化学的には不完全な蒸留をする機械であるということ。そのため不純物（これも化学的に見た場合の、である）が多く混入する。だからこそ乙類焼酎には、醪の原料の風味や味わいが色濃く残ることになるのだ。

つまり、醪がさつま芋から造られていればさつま芋の匂いが、大麦から造られていれば大麦の匂いが残った蒸留酒がとれるわけだ。酒税法では、焼酎乙類のアルコール度数は四五度までと定められているため、それより高い度数の焼酎には水を加えて調整を行なう。

もう一方の旧焼酎甲類は、極めて工業製品に近い存在である。こちらは連続蒸留機を使い、度数九六パーセントと高純度のアルコールを造り出すことができる。化学的にも完全な蒸留なので、甲類は基本的に無味無臭である。別名はホワイトリカー。梅酒を造るときに使うあの焼酎だ。商品名でいえば「純」「樹氷」「トライアングル」など。焼き肉好きにはおなじみの「JINRO（眞露《じんろ》）」などの韓国焼酎もこちらの仲間だ。

二〇〇七年の資料によれば、連続式蒸留しょうちゅう（旧甲類）のメーカーは七一社で年間の焼酎生産量は四〇万キロリットル。対する単式蒸留しょうちゅう（旧乙類）は八七七社で五六万キロリットルとなっている。

ちなみに焼酎が甲乙に分類されるようになったのは一九四九年のこと。ではそれまでは本格焼酎のプライドを保てるネーミングだったのか。調べてみると、甲類乙類はそれぞれ「新式焼酎」「旧式焼酎」とされていた。どちらにしろ本格焼酎サイドにとっては嬉しくないネーミングだったのだ。

本格焼酎の王国は断然九州

本格焼酎といえば九州というイメージがある。いや、歴史を見ても愛飲のされ方を見ても、九州はまさに焼酎王国の名に恥じない。例えば、四七都道府県のうち、日本酒のメーカーが少ない順に並べると、第一位は鹿児島県である。その数は――なんとゼロ。鹿児島は日本で唯一、日本酒が生産されていない県なのだ。鹿児島では「酒」といえば、それは無条件で焼酎のことである。

ちなみに第二位は沖縄県でたったの一軒。第三位は宮崎県で二軒。以下は④香川県の八軒、⑤東京都の一〇軒、⑥熊本県・一二軒、⑦山梨県・一三軒と続く。

ちなみに米どころの筑紫平野を持つ福岡県と佐賀県には六六軒、三二軒の日本酒メーカーがあり、やはり平野の多い大分県にも三三の酒蔵がある。九州では南下するほど「焼

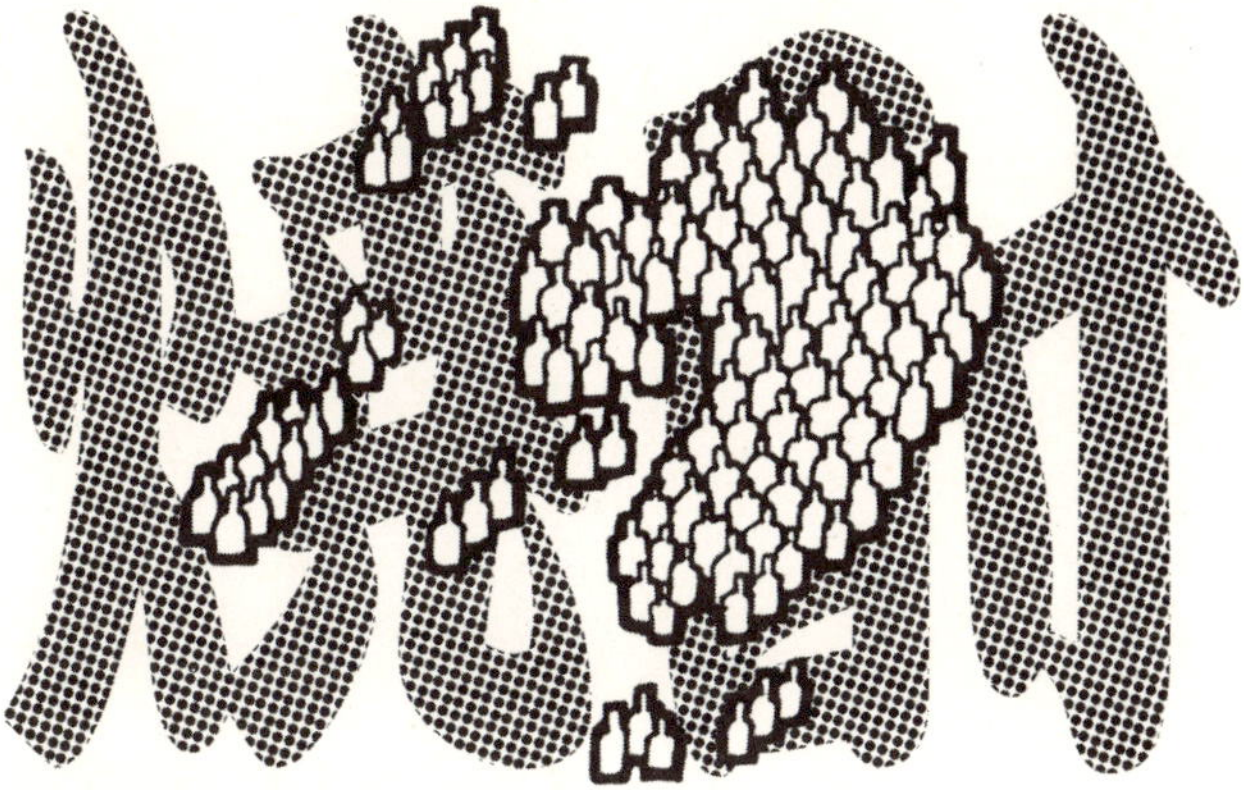

焼酎王国・九州

酎率」が高くなっていく傾向が顕著だ。

そして県が異なれば、いや同県内であってもかつての藩が異なれば、言葉も気質もガラリと変わるという九州らしく、本格焼酎の分布にもハッキリとした棲み分けが見られるのである。

福岡県・佐賀県・長崎県・大分県の北部四県は麦焼酎が主流である。これが熊本にいくと、球磨《くま》焼酎の本場らしく米焼酎の天下となり、鹿児島県は優勢な芋焼酎の中にあって麦焼酎も三割ほど愛飲されている。混成型は宮崎県だ。麦が四割、芋とソバがそれぞれ三割ほどの構成となっている。

長崎県人に芋焼酎を勧めても「臭いからいやだ」と顔をしかめられる可能性があるし、宮崎県人の中には米焼酎など飲んだこともないという人も少なくないはずだ。九州人だからとにかく焼酎、では通用しない。九州人の接待で出す焼酎には充分なリサーチが必要である。

人間の欲望が蒸留を始めた

焼酎をはじめとする蒸留酒は、醸造酒を蒸留して造り出される酒である。ごく大雑把にいってしまえば、ビールを蒸留すればウイスキーや麦焼酎になるし、ワインを蒸留すればブランデーになるし、日本酒を蒸留すれば米焼酎になる。

醸造酒を高アルコール度数に変える蒸留の技術は、早くも紀元前四世紀には知られていたとの記録がある。古代ギリシャのアリストテレスは蒸留を利用すれば海水を真水に変えることができると記述しているのである。そして蒸留機は古代ギリシャを征服したマケドニアのアレクサンダー大王によって、エジプトのアレクサンドリアにもたらされた。

さらにここで、蒸留機は酒造以外の目的で盛んに利用され、発展を遂げていくのである。それが卑金属を貴金属に変えようという夢のようなテクニック――そう、錬金術である。結局人間は鉄を金に変えることはできなかったが、錬金術が化学や医学の発展に大きく寄与したことはよく知られている。

その後アレクサンドリアは七世紀になるとイスラムの支配を受けるようになる。当時のイスラムは世界の最先進国。蒸留機はアラビア語でアランビックと呼ばれるようになった。これがイスラムの大帝国を通じて西洋と東洋に伝播《でんぱ》していったことが、純金ならぬ蒸留酒を生み出す契機になったのだ。ちなみにヨーロッパではブランデーやウイスキーの蒸留釜のことをいまでもアランビック（alembic ＝英）という。

この語源は東方ルートにももちろん影響を残している。東南アジア産のヤシ酒の焼酎はズバリ「アラック」だったし、中国でも焼酎のことを「阿刺吉酒《アラキ》」、朝鮮でも「アラギ」といい、日本でも江戸時代には焼酎のことを「阿刺吉酒」と呼び習わしていたのである。

日本への焼酎の伝来にはいろんなルートをとったという説がある。中国大陸から、朝鮮半島経由、東南アジアから琉球を通じて、シルクロードを通って……などがそうである。おそらくどれか一つということはなく、複数あるいはすべてが複合して、焼酎は日本に伝わったと考えるのが合理的だろう。つまり日本文化の形成とまったく同じ筋道である。

芋焼酎はさつま芋一〇〇パーセントの焼酎か

芋焼酎の場合、原料がさつま芋一〇〇パーセントの製品はほとんどない。さつま芋と米麹を使うのが一般的な仕込み方である。まず米麹と水と酵母で日本酒の酛にあたる一次醪を造り、そこに蒸したさつま芋と水を足して二次醪を造っていくのである。「富乃宝山」で知られる西酒造は、芋麹を使った純芋焼酎（？）の「宝山芋麹全量」を発売しているが、これは例外中の例外といった存在である。

さつま芋が日本に入ってきたのは一七世紀のことなので、芋焼酎も比較的新しい焼酎だ。米があまりとれない鹿児島では、薩摩藩が貴重な米を消費しないよう芋焼酎を無税にして奨励したために広まったのである。

なお、焼酎王国の鹿児島には「ナンコ」という酒の席でのお遊びがある。この勝負は一対一で行なう。互いが長さ一〇センチほどの細い角材を三本持ち、後ろ手で好きな本数を握りこむ。そしてジャンケンの要領でその手を突き出し、相手が持った棒の本数を当て合うというシンプルな遊びである。

ただしナンコは負けた側の罰ゲームがなかなか強烈だ。審判が注いだ焼酎を飲まなければならないのだ。さらに審判は審判で、勝ったほうに「花」と称して献杯することもあるというから、参加したが最後、勝とうが負けようがしこたま飲むことになるのは確実だ。下戸がチャレンジしたら命に関わりそうな物騒な遊びだといえなくもない。

また長崎の壱岐《いき》が発祥とされる麦焼酎の場合、主な原料は大麦だが、麹には米麹を使う蔵と麦麹を使う蔵の両方があるから、純麦焼酎もポピュラーな存在である。そして熊本の米焼酎は、原材料は米と米麹の純米である。

九州の本格焼酎の、本場でのもっとも一般的な飲み方はお湯割りだ。元来は焼酎に少量の湯を足す程度だったのだが（八対二ほど）、健康ブームの影響なのか次第にお湯の比率が高くなる傾向があり、いまの主流は焼酎六にお湯が四の「ロクヨン」、あるいは焼酎とお湯が同量の「ゴーゴー」になっている。

しかし八割も焼酎では、割ったところでかすかに生温《なまぬる》い、気持ちの悪い飲み口にしかならないのではと思えるのだが、心配はご無用だ。鹿児島でいう「黒じょか」、熊本でいう「ガラ」などの酒器は、直火にかけて燗をつけるようにできているのだ。

本格焼酎の二つの蒸留方法

本格焼酎は単式蒸留機で造られる。それはどの本格焼酎にも共通するのだが、現在ではこの蒸留機にも二つのタイプがある。それは、昔ながらの常圧蒸留機と一九七〇年代から一般化して普及した減圧蒸留機である。

常圧蒸留機には特に難しい説明は不要だろう。ヤカンを火にかけ、沸騰して注ぎ口から立ちのぼってくる蒸気を冷やして液化する――原理や仕組みとしてはそれと変わらない、昔ながらの方法だ。醪の個性をすっかり引き出すシンプルで力強い蒸留法とされる。芋焼酎や奄美諸島の黒糖焼酎、沖縄の泡盛などではこちらによる蒸留が一般的である。

一方の減圧蒸留は、釜の中を真空に近くしていき、その状態で蒸留を行なっていく。登山好きなら常識だろうが、空気が薄くなれば液体の沸点は下がってくる。この方法では摂氏四〇～五〇度ほどで醪を沸騰させることができるのである。低温で蒸留された焼酎には雑な成分が入りにくく、醪の香りもとどめることができる。吟醸香のある焼酎というか、現代人の嗜好に合ったマイルドでフルーティな本格焼酎を造り出すことが可能になったのである。

日本酒の山廃と速醸の違いと似ていると考えればいいのかもしれない。どっしりとした味わいが好きで、素材の匂いのいいも悪いも併せ飲みたいという方には、常圧蒸留のタイプがお勧めだ。実際に焼酎のラベルを見ると、「常圧蒸留」と誇らしげに(?)大書して強調されているもののほうが多いから、事情はやはり山廃と似ている。

常圧蒸留の焼酎は、昔ながらの製法を守ったこだわりの一品である――少なくとも製造者がそう考えていることは確かである。

使わなくてもいい米麹を使う「日本のラム」

本格焼酎の中には、日本で唯一サトウキビから造られる焼酎がある。正確にいうと、サトウキビを煮詰めて造った黒糖から……だ。それが奄美諸島特産の黒糖焼酎である。原料がサトウキビということは、西インド諸島のラム酒にも通じる「島の酒」だ。なお黒糖焼酎は酒税法によって産地指定をされており、奄美諸島以外での製造は禁止されている。

また黒糖焼酎の原料は、米麹と黒糖。米麹一に対して、黒糖が一・二〜二というのが一般的な比率である。と、この文章を読んで疑問を持たれた方がいたとしたら、相当なお酒通である。どこに疑問を持つのかといえば、「黒糖焼酎の製造に米麹を使用する」という点である。

アルコール発酵の仕組みを思い返していただきたい。酵母の働きで、糖分をアルコールと炭酸ガスに変えるのがアルコール発酵でしたね。そして米麹は、それ自体は糖分を持たない米を麹の力で糖化させる働きをする。これも思い出しましたか。ということは、元々糖分そのものである黒糖に、わざわざ米麹を入れる必然性がどこにある——そんな疑問を持った人には素直に脱帽する。お見事ですと申し上げたい。

実は製造上の必然性はどこにもないのである。ブロック状に成形された黒糖を溶かした溶液に酵母を添加すれば、米麹などなくとも間違いなく黒糖の醪はできあがる。ではなんで不要な米麹を添加するのかといえば、国税庁がそうしろと指導したからというのが正味の話である。

日本の酒はすべて酒税を徴収する対象。定義から製造方法まで、酒税法で事細かに定められている。もし黒糖だけで蒸留酒を造ったら、それは法律的には焼酎ではなくスピリッツ扱いになる。いや、そうなったってよさそうなものだが、スピリッツだとかかる税率もアップして、黒糖焼酎の製造者は販売上で大変不利なハンデを負ってしまうのだ。

それでもお役所たるもの法律をねじ曲げることはできないし、例外を認めるわけにもいかない。そこで編み出したお役人ならではの裏技が「米麹の使用」だったのである。まず米麹の一次醪を造り、それに黒糖をかけた二次醪を造るのだから、手順としては他の旧焼酎乙類と変わらないでしょ、というわけだ。

それでも黒糖焼酎は、黒糖独特の風味を確かにとどめている。間違いなくラムの兄弟だと感じられる、限りなく洋風な本格焼酎だ。

泡盛の材料は米——その秘密は

泡盛《あわもり》は純米の本格焼酎の仲間で、沖縄の至宝《しほう》ともいう銘酒である。そして本土よりはるかに古い蒸留酒造りの伝統から生まれた泡盛は、他の本格焼酎とはかなり異なった造られ方をしている。

まず米からして他の焼酎とは一線を画している。本格焼酎が使用するのは麹米にしろ掛け米にしろ、日本産の米である。しかし泡盛はタイ米、それも砕いた米（砕米）を使用する。ジャポニカ種ではなくインディカ種の米で仕込まれるのである。東南アジアから黒潮に乗って伝わってきた蒸留酒・アラックの伝統を感じさせられるではないか。

また米を糖化させるための麹も、泡盛独特の沖縄の黒麹を使う。黒麹菌はクエン酸を多く発生させるため、雑菌の繁殖を抑える効果が強いのだ。気温の高い沖縄で安定した発酵を行なうのに最適な麹なのである。また大量に発酵したクエン酸は、蒸留した泡盛には味も臭いも移らないという、涙が出るような縁の下の力持ちぶりを発揮してくれる。他の本格焼酎で多く使用されるのは、黒麹菌と同じく「焼酎麹」に分類される白麹である。

また醪の段階でも、泡盛の製法は他とは違いを見せる。本格焼酎の醪は二回に分けて仕込まれる。米麹の一次醪に、主原料を掛けた二次醪という作り方である。これが米焼酎であれば二次醪として米と水、芋焼酎であれば芋と水を加えていくのである。

ところが泡盛の材料は「米麹」だけである。つまり仕込むタイ米をすべて麹にしてしまい、一回の仕込みで醪を完成させてしまう。これを「全麹仕込み」という。つまり他の本格焼酎の一次醪の段階で、泡盛の醪の仕込みはおしまいなのである。

こうしてできた米麹の風味の強い酒質の泡盛は、長期熟成に適した特性を与えられる。そして三年以上熟成させた泡盛は「古酒《くーす》」と呼ぶことができる。泡盛は瓶詰めをしても熟成が進む珍しい酒だが、長期熟成に最適な容器は素焼きの瓶《かめ》である。

沖縄の上流階級の屋敷には、年代ごとの泡盛の瓶がズラリと並んだ古酒蔵が構えられていた。当主は金庫の鍵より古酒蔵の鍵のほうを大切にしたといわれるほど、泡盛の古酒は貴重なものだったのである。

飲んでも減らない（？）「仕次ぎ」という知恵

それほど貴重な泡盛の古酒だが、飲まないことにはありがたみもわからない。そして飲み続けていけば当然量は減る。ところが沖縄恐るべし。泡盛には古酒を減らさない「仕次

仕次ぎの手順・注いだ泡盛よりも次に若いものの瓶から、順次注ぎ足していく

ぎ」というマジックのような習慣があった。

例えばある家に、新酒から一〇年古酒まで一〇個の泡盛の瓶があったとしよう。あるとき大切な客があり、とっておきの一〇年古酒を首里城の屋根から飛び下りたつもりで振る舞った。当然その分泡盛は減ってしまう。仕次ぎとはそれを補充する生活の知恵なのだ。

まず減った分と同量を、九年古酒の瓶から一〇年古酒の瓶へ移して補てんする。以下は八年から九年へ、七年から八年へとスライドするだけである。最後に減った新酒にはさらなる新酒を足しておしまい。なんかズルじゃないかという釈然としない気持ちが残らなくもないが、仕次ぎは古酒を楽しみながら育てていく方法として沖縄では定着している。

もちろん飲んだのが五年古酒であれば、仕

次ぎのスタートは四年古酒を五年の瓶へというところからになる。ただし、これは相当な量の瓶から少量を飲むから可能な方法である。毎日のようにいちばんの古酒の瓶を半分ほども飲んで仕次ぎをしていたら、すべての瓶が限りなく新酒に近い泡盛で満たされるのは自明の理だろう。

泡盛という名前の由来

他の本格焼酎の名前は主原料の名前がそのままスライドしているだけなので、間違えようがないくらいにシンプルだ。芋焼酎、麦焼酎とくれば、どんな酒かは一目瞭然である。その伝でいけば泡盛は米焼酎になるのだが、なんで泡盛という耳慣れない名前がつくことになったのだろうか。

実はこの由来に定説はない。有力とされる説がいくつかあるので、それを挙げておこう。

まずは昔の材料からきているという説。かつて泡盛は米と粟あるいは粟だけで仕込んでいたので「粟盛」とされたというものだ。粟を使用していたこと自体は事実であり、納得できる歴史の証言である。

次に薩摩藩の陰謀説。江戸時代には焼酎という言葉は定着したが、これは酒粕を蒸留して造るカストリ焼酎（和風のグラッパやマールの類である。こちらについては「洋風居酒屋編」を参照）など、商品価値の低いものと混同されかねなかったので、泡盛という特別な名前をつけて高級感を押し出したというもの。歴史的に搾取されてきたため、薩摩藩には恨みを持つ沖縄人としては深くうなずける説だろう。

さらには、酒の具合を見るために泡を立てたからだという説もある。蒸留してできた泡盛の度数を調べる際に、杓で高いところから容器に泡盛を流し込む習慣があったというのである。そのときに泡立ちがよく、高く盛り上がって消えないものほど度数が高かったので目安になったという。これなら「泡」も「盛」も両方説明がついている。

最後の説に説得力を感じるが、実際のところはどうなのだろうか。

焼酎は「悪酔いしない酒」なのか

焼酎の魅力の一つとして語られる要素に「焼酎は次の日に残らない」という説がある。そう実感している人が多いのならば慶賀の至りである。しかしこれが正しいかとなると、残念ながら大いに疑問だ。

先にも書いたが、二日酔いや悪酔いは、肝臓がアルコールを処理しきれなかったために生じたアセトアルデヒドの毒性が体内を駆けめぐって引き起こす症状だ。元がどんな種類の酒に含まれたアルコールであったかは問題ではないのだ。

もちろん人間には暗示の効果も小さくはないから、酔わない酒なんだと思い込みながら飲むことが好結果をもたらすことはあるだろう。事実「美味い酒はどれだけ飲んでも二日酔いしない」という持論の酒飲みも少なくない。

しかし逆に、不味いと思っている酒を飲むと普段よりずっと少量で悪酔いしてしまう人もいる。我々の周囲にも「糖添の酒を飲むと、とたんにこめかみが痛くなる」と主張する自称酒通や、焼酎ファンを自認する九州人には、「○○（某大手メーカーの名前です）の焼酎は、飲むとすぐに気分が悪くなる」とのたまう御仁までいる。

冷静に考えてみれば、焼酎のような強い酒が好きな人は元々酒に強い人間が多いのではないか。あるいは飲み慣れない本格焼酎を勧められて、いつもよりかなり少量でストップしてしまったという人もいるはずだ。

焼酎をよく飲む人間の実体験を語らせていただければ、焼酎を飲みすぎた二日酔いと、他の酒を飲みすぎた二日酔いの間には何の差異もない。どちらも死ぬほど苦しい。思い出したくもない。鹿児島や熊本で聞き取り調査をしても、きっと似たような感想が聞かれるはずだ。

「酒をチャンポンにすると酔っぱらう」のは、複数の酒が混じることが悪いからではなく、チャンポンで飲むような状況では雰囲気が変わることでつい飲みすぎるから酔うだけだというのは、もはや常識だろう。

同様に、「焼酎は酔い覚めがよい酒」という説も、その場では酔えて後には残らない、夢のような酒を求める飲兵衛のはかない願望が生み出した意見にすぎないと結論づけておこう。

チューハイの「ハイ」は何の意味？

この章では本格焼酎を大きく取り上げてきた。しかし現状を冷静に見れば旧甲類焼酎の活躍もめざましい。さすがにホワイトリカーをストレートで飲む人は少数派だろうが、割って飲むチューハイやサワー類は、居酒屋でも小売りの缶入り飲料としても大人気である。もっとも庶民的な日本のロングカクテルだといっていいだろう。

焼酎で割る飲み物の歴史の中で、忘れてはならないのは「ホッピー」である。ホッピーは戦後間もなく登場した麦芽飲料でアルコール度数は〇・八パーセント。一パーセント未満であるため酒税法上は酒にはならない。ということはもちろん酒税もかからない。

これを低税率の旧甲類焼酎で割れば、たちまちにして安価な麦芽アルコール飲料つまりビール風の飲み物のできあがりだ。ホッピーには専用のジョッキもあった。これはジョッキの側面に星印が二つついているもの。下の星は「ノーマル」、上の星は「ハード」である。つまりそこまで二五度の焼酎を入れろという目安なのだ。ノーマルで五度、ハードでは七度のホッピー（のカクテルですね、正確には）を作ることができるのである。

ホッピーにはノスタルジーを感じるが、チューハイはいまが盛りである。チューハイの「チュー」はもちろん焼酎の「酎」。では「ハイ」はなんだろう。これも世代によって解答率が変わってくるはずだ。答えは「ハイボール」の「ハイ」である。わかる人はなんでそんな決まりきったことをとお思いだろうが、若い世代はハイボールといわれたところで「?」だろう。

ハイボールはウイスキーカクテルの一種だが、ひらたくいえばウイスキーの炭酸割りである。焼酎のハイボールだから「チューハイ」と、実にシンプルなネーミングだ。

箸休め・おつまみ編

枝豆ってどんな豆

居酒屋での日本人のお約束は「とりあえず、ビール」だろう、とりあえず。ではそのビールと一緒に頼むおつまみはなんにする。相性抜群なのはなんといっても枝豆である。蒸し暑い夏ならば文句なし、いやいまは冷凍品もあるからシーズンを問わず茹でたての枝豆を楽しむことができる。

ここであなたの「都会っ子度」を問う問題だ。枝豆というのは枝になった豆の状態を表す言葉、あるいはその豆を茹でた料理の名前だ。ではあの豆の正式名称はなんというのでしょう。

答えはもちろん「大豆」である。そう、味噌や醤油や豆腐を作る日本の基礎食品の中の基礎食品、あの大豆なのである。

大豆は通常、種をまいてから収穫まで五カ月ほどかかる。枝豆の場合はその途中、三カ月ほどの段階で若い豆を収穫してしまうのだ。ただし、枝豆栽培のプロにいわせると、成長し続ける枝豆が収穫に最良の状態なのはわずかに三〜四日しかないそうだ。若すぎると豆の発育が悪くスカスカのさやになってしまうし、逆に遅すぎると、今度は豆自体が硬くなってしまうからである。

また出荷時の分類上、枝豆は豆類ではなく野菜として扱われる。枝豆には大豆と同様、タンパク質、ビタミンB_1、ビタミンB_2、カルシウム、食物繊維などが豊富に含まれているが、野菜である枝豆には、大豆にはほとんどないビタミンA、ビタミンCも含まれている。また茹でると失われやすいのがビタミンCだが、枝豆の場合はさやに覆われているため、茹であげても損失が一〇パーセント程度と低い率ですむ利点もある。

さらに枝豆に含まれるアミノ酸には疲労回復、胃の粘膜の再生を促す、血管を拡張して血液の流れをよくするといった、酒の友としてはありがたすぎる効果も確認されている。つまみとして最適な高タンパク低脂肪の大豆のよさと、緑黄色野菜のビタミンの両方を併せ持つ枝豆。だてに「つまみのトップバッター」の地位を占めているわけではないのである。

大豆自体は中国の北方原産とされ、日本に入ってきたのは弥生時代。稲作の伝来と同時期だろうと推定されている。また枝豆も、すでに奈良時代には「枝なり豆」として茹でて食されていたというから、日本ではビールよりはるか昔から親しまれていた。

酒席での「つかみ」として枝豆の講釈を一席……枝豆のさやにしゃぶりつくのに夢中でだれも聞いてない。冷やしても美味しいが、茹でたてだったら熱々を食べましょう。

ワサビ問題を解決する

和風居酒屋に入ったら、やはり刺身は注文したい。「魚を生で食べる」という日本独自の食習慣は、寿司がグローバル化したこともあり、いまや世界でも広く知られるようになった。「オー、生の魚を食べるなんて、日本人はなんて野蛮な」と眉をひそめるステレオタイプな外国人は激減中である。

実際に生魚を調理するのは極めて高度な技術を要するプロの職分だ。仕入れる魚の目利き、鮮度の管理、包丁使いなど、どれをとっても素人がおいそれと手を出せる仕事ではない。だからこそ主婦向けの料理番組でも、刺身の類はまずテーマにはならないのである。

さて、居酒屋で出された刺身を肴として食べる我々にとって最大の懸案事項は、ワサビとツマの処理問題だろう。ワサビはどう刺身につけるのが正しいのか、刺身のツマは食べてもいいものなのかどうか、心もとない人は多いのではないか。目上の人との会食の折など、周りの食べ方を見てからでないと箸をつけにくいという状況もある。

まずワサビの使い方には二つの流儀がある。最初にワサビを箸でとり、手塩皿《てしおざら》の醤油に溶かし込むやり方と、刺身をつまむたびに少量のワサビを身に乗せてから醤油をつけるや

刺身のワサビ・醤油に溶くか直接切り身に絡めるか

り方である。どちらかといえば前者は庶民的で、後者には通というか気取った趣がある。そしてなにかと講釈を垂れがちなのも、ワサビ・セパレート派に見られる特徴だ。

　ワサビを分離すべしという主張はこうだ。ワサビというのは揮発性の辛味を特徴としている。ツーンと鼻を突くあの刺激だ。醤油に溶かすことによって、その刺激も溶解されて消えてしまうため、ワサビを使う意味がなくなってしまう、というのである。

　逆に血合《ちあい》があり、独特の臭みのあるカツオなどを食べるときに供されるショウガ醤油であれば、液体に溶けてもショウガの薬味は効果があるので、こちらはあらかじめ溶かし込んでもかまわない。

　ワサビをいちいち箸で取る人全員がこんな

「理論武装」をしているわけでもないだろうが、数としては少数派であろうこちらの側に、食にうるさそうな人が多いのは事実である。だからそういう人に見られたい、また見られる必要がある場合には、「いちいちワサビ」で刺身を召し上がることをお勧めする。

ただ、我々には素朴な疑問がある。醤油に溶かすと辛味が消えるといわれるワサビだが、実際にいろんな状況で試してみても、ワサビ醤油としての辛味は長時間保たれているのである。そのワサビが粉ワサビであろうが天然の生ワサビであろうが、刺身を食べている間に気が抜けてしまったことなど一度もない。

また最近ではプロ中のプロである和食の料理人にも「ワサビは醤油に溶いてお使いください」「溶いても別々でもどちらでもお好みで」と客に説明する人が現れている。

優劣がつけられなくて恐縮だが、この問題に関しては、どちらの方法もアリというのが最新の流れである。自信を持って食べていれば恥をかくことはないのでご安心を。

なお、これに類するものとして、「寿司はネタを下にして、舌に当たるように口に入れなければならない」という課題がある。こちらにも寿司をひっくり返して口に入れる人＝食通というイメージがつきまとう。これまた最新の解釈では「お好みでどうぞ」が主流である。ただし醤油はネタに直接つけるべきで、そのまま持ってシャリの下部に醤油ではちとまずいというのが、大方の意見の一致するところである。

さて、刺身のツマだが、こちらには原則がある。それは「皿に盛られた食品はどうぞ食べてください」というもの。かつらむきにしてセンギリにした大根も青じそも黄色い菊の花も、すべて口直しのために添えられているのだ。つまんで口に放り込んでもまったく問題なしである。

たたみいわしは魚の和紙?

「とりあえず、ビール」には枝豆が最適だが、「いきなり日本酒」という酒飲みには、手早く出てくる魚介の乾きものがありがたい。エイヒレやスルメなどがおなじみのところだ。

中華料理の高級素材であるアワビやフカヒレと同様に、干すことによって長期保存できるようになるばかりか、有機酸が生まれることでさらに旨味を増す乾物には、先人の知恵を感じずにはいられない。

ところで、特に和風の居酒屋にはお約束というか忌《い》み詞《ことば》がある。ご存じのように、商売の損失を表す「する」という言葉を嫌うのだ。だから多くのお店ではスルメとはいわずにアタリメ。「すり鉢でゴマをする」も、翻訳されて「あたり鉢でゴマをあたる」と変わってしまう。さすがにアタリッパ（スリッパですよ）とまではいわないようだが。しかし、食べ物商売で「あたる」もいかがなものかと思ってしまう。

さて、我々が気軽に口にする乾きものに「たたみいわし」がある。一枚のたたみいわしには数百匹から一〇〇〇匹以上もの魚が使われているのだから、魚の食べ方としてはもっとも贅沢な部類に入る。原料はもちろんイワシの稚魚、つまりシラスである。ただし種類は作る地方や季節によって異なり、マイワシやカタクチイワシ（ヒシコイワシ）などが使われる。

作り方は塩味で炊いたシラスを使うか、生のまま乾燥させるかの二つに分かれる。いずれにせよ極小のイワシを木枠に流し込み、漉いてから乾燥させるのだ。まるで和紙を作る要領である。できあがりがイワシで編んだ畳のようになるから、見た目のまんま「たたみいわし」である。

ただしこれには異説もあって、その説では江戸時代にたたみいわし作りが始まった頃に、浜に敷いたイグサ（畳の材料のイグサである）の上に並べていたから、たたみいわしと呼ばれるようになったとされている。

北海道の味覚が日本を席巻した居酒屋ブーム

オヤジたちの聖域であり、女性や若年層には縁遠い場所だった居酒屋が、巨大なアミューズメントスペースと化すきっかけとなった大型チェーン店が登場しはじめたのは一九七〇年代の前半から半ばにかけてのこと。札幌のわずか八坪という小さなスペースからスタートした「つぼ八」(店の広さが店名となった)や、東京の店ではあるがコンセプトとしては「北」を意識した「北の家族」なども、この頃から首都圏での店舗展開が始まっている。

明朗会計でしかも安価な新しいタイプの居酒屋はたちまち若者を取り込んでいったが、それとともに進行したのが「つまみの北海道化」である。いまでは定番となっている居酒屋メニューには、元々が北海道発、北海道が本場のものが実に多いのだ。

イカ素麺、イカの沖漬け、シシャモ、三平汁や氷頭《ひず》などのサケ料理、アスパラ巻き、あるいはバターコーンやジャガバター、そして毛ガニやタラバガニなどの蟹料理。安くて新鮮で豪快、ボリュームたっぷりな北海道の食のイメージは、この新しいタイプの居酒屋にピッタリだったのである。

そして、居酒屋ブームで浮上した北の食材の最たるものはホッケだろう。アイナメ科の魚で、体長五〇センチを超えるものもあるホッケは北海道で大量に収穫される魚である。いまでこそホッケは首都圏のスーパーなどでも売られているが、大型居酒屋ブームが到来するまでは、北海道以外ではほとんど知る人のないマイナーな魚にすぎなかった。

それどころか、客観的表記を旨とするはずの魚類図鑑には、かつてホッケについて「食用になるが不味《まず》い」と、とんでもないことを記載しているものもあったほどである。実はホッケは鮮度が落ちやすく、おまけに冷凍にしたところで旨味が減ってしまう魚である。そのせいか、人間ではなく養殖ウナギの餌として利用されるなど、現在の隆盛が信じられない扱いを受けてもいたのだ。

この魚を北海道の味覚の定番、いや全国の居酒屋メニューの定番に押し上げたのは、味落ちを防ぐ、開きにした一夜干しが定着したからである。

白カビが青カビを笑うチーズの不思議

洋風のつまみの王者といえばチーズである。デパートや専門店に行けば、世界のチーズが手に入るようになった。もちろんチーズにもっとも合う酒はワイン、それも赤ワインだといわれる。高タンパク食品のチーズは、つまみにすれば肝臓を保護する役割にも期待大だ。ワイン以外の酒でもぜひ試したい。

チーズは大きく、ナチュラルチーズとプロセスチーズに分けられる。ナチュラルチーズは、文字どおり一種類の乳から作ったチーズそのもの。原乳は牛や水牛や山羊などさまざまである。これに対してプロセスチーズは、複数のナチュラルチーズをブレンドして加工・乳化し直したもので、癖がないのが特徴だ。

ヨーロッパの「チーズ先進国」でよく食べられるのはナチュラルチーズ。かつてはプロセスチーズ一辺倒だった日本でも、最近はヨーロッパからの輸入チーズや、国産の本格的なナチュラルチーズの需要が増えている。

ナチュラルチーズもタイプによって、フレッシュチーズ、セミハード、ハードなどに分類できる。モッツァレラやリコッタ、カッテージチーズなどのフレッシュタイプは作りたてを早めにサラダ感覚で食べるもの。癖や強烈な臭いも少ないタイプである。

逆に臭いがもっとも強烈なのはウォッシュタイプといい、チーズの表面を塩水や酒で洗いながら熟成させるタイプである。中身はまろやかなのだが、洗われた表面からは強烈な臭気が漂う。

また日本人に心理的な抵抗がいちばん大きいのは、いわゆるブルーチーズだろう。青カビを使って熟成させるタイプのチーズで、フランスのロックフォール、イタリアのゴルゴンゾーラ、イギリスのスティルトンを「世界三大ブルーチーズ」という。

こちらはそのまま食べてもいいし、溶かしてパスタのソースやオムレツに入れるなど、料理の素材としても格好の食材なのだが、青カビを口に入れることに抵抗を覚える人も少なくない。そういう人は「カビの生えたチーズはどうも苦手で」などといいながら、真っ白でクリーミー、まろやかな味のカマンベールやブリーなどを食べていたりする。

当の本人は気づいていないのだが、カマンベールの表面の純白な層はもちろん白カビである。カビがなければチーズは作れない。カビが苦手な人は、チーズを食べること自体をあきらめましょう。

くさやは臭気のチャンピオン食品か

ウォッシュチーズの臭いは強烈だが、こと臭いことに関してはどの食品にも引けをとらない強烈なものが日本にはある。もちろん「くさや」である。

室町時代から伊豆七島で作られはじめたとされるこの食品の材料はムロアジやトビウオなど。まず魚を開きにしてよく洗い、くさやの「液」に一晩漬け込み、再び水洗いして干

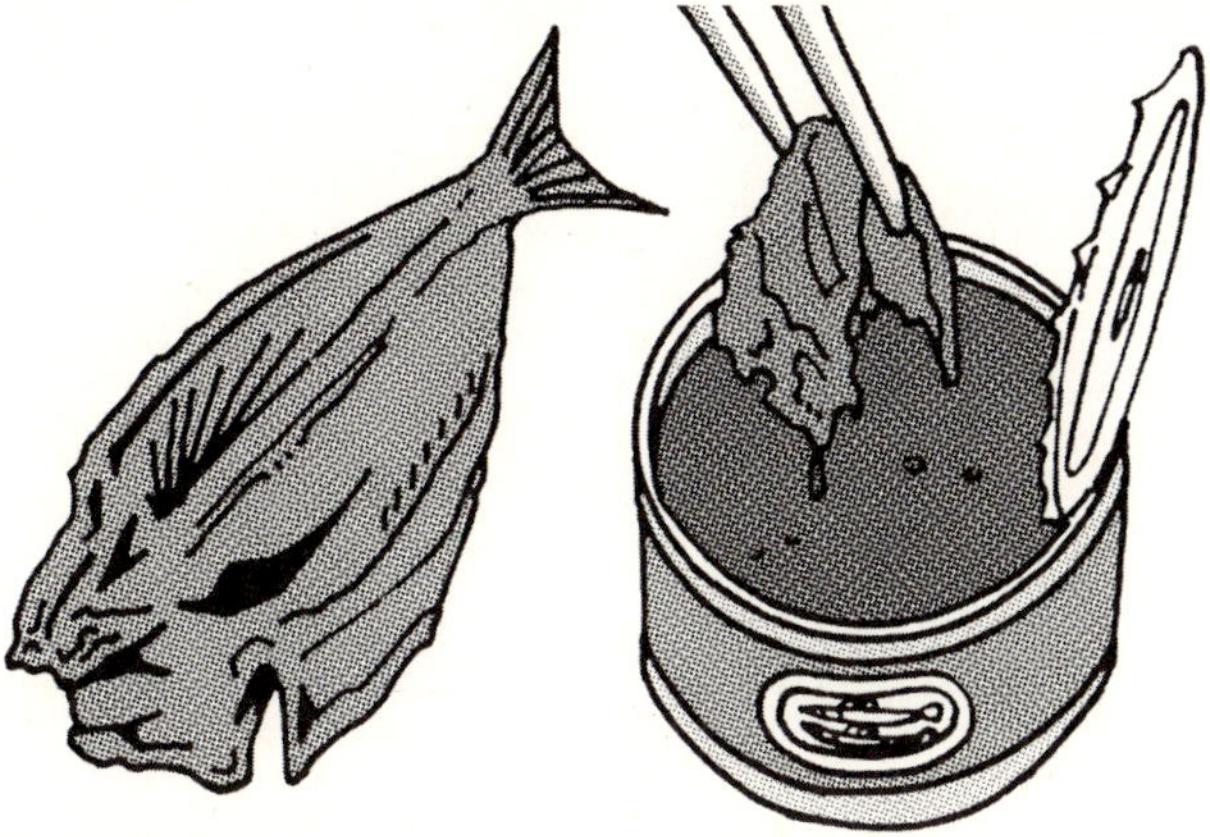

臭さの東西対決・くさやとシュールストレミング

物にする。そんなシンプルな食べ物である。

くさやのあまりにも強烈な臭いの元は、もちろんこの液に潜んでいる。くさやは江戸時代には盛んに作られるようになった。そして元々は魚を濃い塩水につけていたのだ。ところが海に囲まれた伊豆七島では、塩は献上品であり大変に貴重なもの。だから魚を漬けた液を捨てることなく、少しずつ塩を足して使い続けてきたのだ。

当然この液には、漬けた魚のエキスや肉汁がにじみ出る。だから何百年もかかって作り続けてきた魚醤のような色濃くドロドロの液になる。このくさや液の製法は、どの家でも秘伝中の秘伝とされている。正直、それがわかったところで真似する人間がおいそれと現れるとはとても思えないのだが。ちなみに

「くさや」という名前は、江戸時代に日本橋の魚河岸で命名されたものである。それこそ当時の人々の実感だったのだろう。

くさやの食べ方としてはさっと焼くのがベストだとされるが、そのときの臭いがまた強烈。ご存じのように、食べ物を表すのには大変不適切なものの臭いにたとえられる。かつて日本の畑でよく用いられた有機肥料の一種……みなまでいわずともおわかりですよね。

これほど強烈な臭いの食品は世界に二つとあるまいと思っていたら大間違い。対抗できる「北欧の臭気王」が存在するのである。その名を「シュールストレミング」という。やはり魚で、こちらは缶詰である。

原産国はスウェーデンで、魚の種類はニシン。味付けはシンプルな塩漬けである。それだけ聞くとまっとうな食品だと思えるのだが、缶の中でも発酵が進んでいるのが特徴だ。そのせいで、缶にボコボコと出っ張りがあることが多い。缶切りを差し込むとブシューッと中から液が吹き出すので要注意。

そしてその臭気は「アンモニア系」との評が一般的。別名を「ゾンビの缶詰」ともいい、発酵と腐敗の区別がつけ難いとする向きもある。スウェーデンではつけあわせとしてポテトサラダ、生のネギやニラ、ジャガイモの細切りなどを合わせることが多い。一緒に飲む酒は、北欧のスピリッツ、アクアビットやウォッカなどが向いているとされる。この強い酒には、臭気を流して舌をマヒさせる効果が期待されていると見たほうがいいと思うが。

もちろんこのシュールストレミング、スウェーデンでは愛好者も多い伝統食品である。やみつきになる人も少なくないので、そういう点でもくさやに通じるものがある。両方を取り寄せて試食をすれば、東西の臭みの比較ができて興味深い。もっとも当方は、たとえお誘いを受けても辞退申し上げたいけれど。

これぞ珍味・カラスミは何から作る

刺身をつまみながらの日本酒はこたえられない美味さだが、実は海産物と相性のいい醸造酒は意外と少ない。日本でビールがこれだけ飲まれるのは、ホップの苦みと炭酸の刺激が口の中をスッキリとさせ、生の魚介類の臭いをさっぱりと流してくれるから、日本人の食生活に見事にマッチしたのだろう。

力ワザ（?）で和食を引き立てるビールに対し、日本酒は和の食べ物と優しくなじんでいく。醸造酒の王様がワインであることは間違いないが、こと和食との相性という点では日本酒に勝るものはない。酒が風土に根ざした生き物であることをまざまざと実感させられる。

和食とワインを楽しもうと提唱する人もいるし、ワインに合う和の食べ物も少なくはないのだろうが、日本の「珍味」となると、ワインを合わせるのは至難の業だ。後口がとんでもなくえぐくなってしまうのだ。

日本の酒に合う（日本の酒にしか合わない）珍味の代表的なものとしては、魚卵を素材とした製品がある。もっともポピュラーなところからいけば、まずイクラ。これが何の卵だか知らない人はいませんね。もちろん鮭の卵である。腹から取り出した、つながった状態のものがスジコで、それをほぐせばイクラとなる。ではイクラとはどんな意味。

「値段を聞かれることが多いから」――そんな理由でついた名前ではない。こちらはロシア語の「ikra」がそのまま定着したもので、意味もそのまま「魚卵」である。世界三大珍味の一つ、カスピ海のキャビアもイクラなのである。

それでは正月には欠かせない数の子は何の卵だろう。これも常識、こちらはニシンの卵巣である。正月に珍重されるのは「数の子」が「子孫繁栄」を連想させるという理由から。かつては北海道が一大産地で、漁で財をなした網元の豪奢な「ニシン御殿」がその繁栄を物語っている。とはいえ現在の数の子は、ほぼすべて輸入品。最高品質とされるのは、カナダ沿岸の太平洋産のものである。

今度はずっと南に下って、九州は五島列島のものが最上とされるカラスミはどんな魚の卵巣か。こちらはボラの卵だ。塩漬けにしたボラの卵巣を天日乾燥と塩抜きを繰り返しながら独特の形に成形していく。それが中国の墨に似ていることから「唐墨」と名付けられたのである。国産のものは大変高価で、一〇〇グラムあたり五〇〇〇円から一万円といったところ。カラスの身の燻製などではないのでご安心を。

このカラスミとウニ、コノワタを日本の三大珍味という。ちなみにコノワタとはナマコの腸の塩辛だ。これは世界三大珍味に張り合ったいい方か。こちらのほうはご存じのようにキャビア、トリュフ、フォアグラである。

もっとお手軽価格でカラスミを手に入れたければ、イタリア食材の店に行ってみよう。地中海産のボラで作った「ボッタルガ」という、ローマ時代以来の伝統を誇るイタリアン・カラスミが入手できる。こちらは一〇〇グラム三〇〇〇円見当で、国産品に比べればまだ手を出しやすい。

原料のとれない九州が、なぜ辛子明太子の本場なのか

魚卵を使った珍味には忘れてはいけないものがもう一つあった。それが辛子明太子だ。

九州博多の名産品で、本格焼酎との相性抜群。こちらはスケトウダラの卵巣をトウガラシの効いた調味出汁に浸して作られる。

しかしスケトウダラは北の海の魚で、九州近海とは馴染みが薄い。なぜ博多が発祥の地となったのだろうか。答えはこの食品のルーツにある。唐辛子をたっぷり使って真っ赤な食品……まさに韓国のイメージだ。辛子明太子は、日本の敗戦後に朝鮮半島から博多に引き揚げてきた人が、かの地の食品をヒントにして開発販売したものだったのである。

それでは「明太子」とはどんな意味か。「子」は卵・卵巣の意味であることは明らかだろう。では「明太」は。実はこちら、スケトウダラの韓国名を漢字表記したものなのである。韓国語では「ミョンテ」と読む。ここでさらなる細かい疑問が湧いてくる。ではなぜ日本語で「明」の字を「めん」と読むのだろうか。韓国語が混じって「みょんたい」というならまだわかる気もするが。

博多が西に向かって開かれた日本の海の玄関だとすれば、韓国から東に向いた玄関は第二の都市である釜山だ。そしてこの地方の方言で「明太」を読んでみると、なんと「メンテ」となるのである。博多の辛子明太子は、韓国は釜山のお国言葉にルーツを持つ名物なのだった。

酒盗って酒泥棒のこと？

いきなりで恐縮だがノーヒントで出題だ。「酒盗《しゅとう》」ってなんでしょう。トラックで乗り付け、倉庫から銘酒をごっそり奪いさっていく盗賊団か。

答えは四国は高知の名産、カツオの塩辛のことである。使用する部位はカツオの内臓で、最高級品ともなると「ジキ」という胃だけを使う。酒盗の名の由来は、土佐藩の第一二代藩主・山内豊資という殿様が、食卓に出されたカツオの内臓の塩辛があまりにも酒に合うのでグイグイと飲み、「これだと酒がいくらでも飲める。酒を盗みおった。くるしゅうない、いまより酒盗というがよい」と語ったというのだが、ではそれ以前にはなんと呼んでいたのだろう。

酒盗のネーミングに対抗できるとしたら「ままかり」だろうか。こちらはサッパというニシンの仲間の小魚の瀬戸内地方での呼び名。この酢漬けがあまりに美味で、酒ではなく飯があまりに進むため、隣の家にご飯（まま）を借りにいくようになるというのが語源である。

酒盗で日本酒を飲んで、ままかりでご飯を食べたら……大変米の消費の多い暮らしになりそうだ。

柳葉魚と書いてなんと読む

答えは居酒屋メニューの定番中の定番、「シシャモ」である。この漢字をどうすればそんな読みにできるのか。実ははじめに意味ありきの言葉なのである。シシャモの語源はアイヌ語の「シュシュハム」で、これが「柳の葉」という意味。漢字はあとから当てられたものだったわけだ。

シシャモは日本の固有魚で、北海道の太平洋側に生息し、産卵のときに川を上ってくる。学名でいうと「サケ目キュウリウオ科シシャモ属シシャモ」となる。我々はそんな北海道の自然の恵みを口にしているのかと感慨深いものがあるが、正直いって感動するだけ損である。なぜなら本物のシシャモが居酒屋に出回ることなどまずないからだ。

ないといわれたって、どこの居酒屋のメニューにもシシャモは載っているではないか。そう、確かに載っている。だがそれはシシャモでないものをシシャモと称して載せているだけだ。

日本固有種の本物のシシャモとは、一〇月から一一月にかけて北海道の川で漁獲されたものをいうのだが、その数は極めて限られている。「北海道産本シシャモ」と断り書きでもしてあれば別だが、我々が通常口にしているシシャモは、まずほとんど「カペリン」（キュウリウオ科マロータス属カペリン）という、シシャモに近い非シシャモなのである。通称はカラフトシシャモだ。主な漁場はアイスランドやノルウェー、あるいはカムチャツカなどの北洋である。

もちろんカペリンはカペリンで美味い魚だ。なにしろほとんどのシシャモ好きは、カペリンの味を評価しているのだから。ただ、本シシャモを知る人間からすると、両者の味はまったく別物だという。本シシャモは脂ののりが抜群で、なのにクセが少なく、カペリンと違って香りも高い。

北海道産の本物のシシャモ、一度は味わってみたい幻の味だ。なお本場とされるのは北海道のむかわ町。鵡川《むかわ》を遡上《そじょう》するシシャモが最高級品なのである。なお地元では、子持ちの雌ばかりでなく、雄のシシャモの評価もすこぶる高い。晩秋にこの地を訪れれば、本物のシシャモとの遭遇も可能だろう。

激安トラフグは食べても安心⁉

冬場を代表する魚はフグ、それも極上品はトラフグである。残念ながらお値段も極上であることが多く、しかるべき店に行けばお一人様ン万円からという世界でもある。

とはいえ、激安トラフグも都会を中心に客足を伸ばしている。活きたトラフグの刺身が一九八〇円、コースでも三九八〇円といった値付けで、庶民にも手の届くトラフグ料理がちょっとしたブームなのだ。

常識を覆した値段で、しかも水槽で活きた、つまり冷凍ではないトラフグをそのまま調理できる秘密は、たいていの場合大量仕入れ、直接買いつけなどに解答を求めることができる。そして当然ながら、その値段で提供されるフグは養殖物であるはずだ。

関西ではフグ刺しとフグチリをそれぞれ「てっさ」「てっちり」という。「鉄砲刺し」「鉄砲ちり」の略語である。フグ＝鉄砲なのだが、語源はもちろん「当たると死ぬ」ところから。トラフグの肝臓や卵巣にはテトロドトキシンという猛毒が含まれている。二〜三ミリグラムで人を死に至らしめる強烈さだ。

ところが養殖のトラフグは、一般的に毒を持たない。実はフグの毒が形成されるメカニ

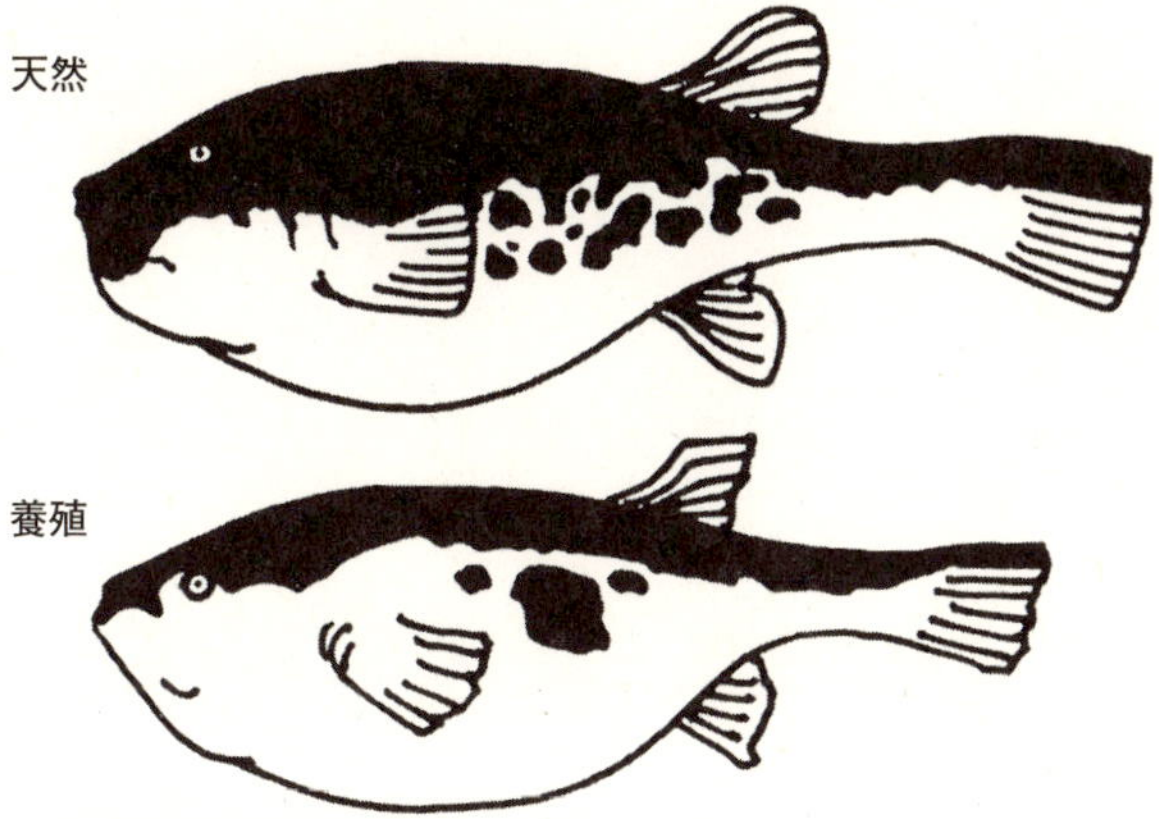

天然トラフグのほうが精悍な印象。養殖物は尾びれが切れて縮まり不揃いだ……が、正確に見分けるのは素人には困難

ズムはまだよく解明されてはいないのだ。天然のフグが餌としている巻き貝やヒトデに含まれる細菌が、青酸カリよりはるかに強力なこの毒の元になっているのではと推測はされている。

もっとも飼育の方法によっては養殖のトラフグでも毒を持つことがあるし、また毒の有無にかかわらずトラフグをさばくことができるのは、フグ調理師の免許を持った人間だけである。フグを扱う店では、さばいたフグを処分するために鍵のかかるごみ箱を用意し、専門の廃棄業者に引き渡すなど厳しい管理が義務づけられている。

なお、フグ調理師の免許を与えるのは各都道府県だ。だから東京のフグ調理師が神奈川県内でフグをさばけば、それは無資格の違法行為となってしまう。

納豆は欧米人には苦手な食べ物か

欧米系の在京外国人が閉口するのが、日本人からしょっちゅう「納豆、苦手でしょ?」と問われることだという。しかし彼らの納豆嫌いの度合いは、むしろ関西や九州など、非納豆文化圏の日本人より低いというのが事情通の意見である。

高タンパク低脂肪、日本が誇る大豆の発酵食品である納豆は、そのまま飯の友にもなれば、マグロ納豆、納豆オムレツといった酒肴にも姿を変えるユーティリティープレイヤー。

それでもあの独特の臭いは、外国人にはキツいはず……と、心配性の日本人は考えがちなのだが、チーズ文化圏から来た人々は、納豆の発酵臭には意外なほど抵抗が少ないものなのである。そりゃ、ウォッシュチーズに比べれば納豆の臭いなど可愛いものだ。

日本人にはポピュラーな食品で、多くの外国人が苦手というか、「なぜこんなものを食べなくてはならないのか」と首をかしげるのは別にある。さてその食品とはなんでしょう。

答えは意外や意外、海苔である。確かに醤油をつけずに海苔そのものを口に含んでみると、パサつくわ味はしないわ、見た目はカーボン用紙みたいだわで、なじんでいない人間には、それを食べる必然性がおよそ感じられないというのである。

それでは第二のクイズ（？）である。実は納豆を嫌って近づけない習慣は、これぞ日本人の仕事という職場にあった。その仕事に従事する人は、普段の食事でも納豆を決して口にはしなかったという。どんな職種の人だろう。この本にも大いに関係があります。

はい、答えは造り酒屋の蔵人《くらびと》である。理由は説明するまでもないだろう。酵母による発酵が行なわれる日本酒の酒蔵の中では、納豆を作る納豆菌は雑菌そのものである。日本酒の出来に悪影響を及ぼすリスクがあるので、酒蔵の食事に納豆は出さないのだ。

別格ブランドになった南北の大衆魚

元々は大衆魚なのだが、いつのまにやらブランド化して値段も一般のものとケタ違いに高級化した魚がある。九州の関《せき》アジ・関《せき》サバ、北海道の鮭児《けいじ》がその代表格だ。

アジもサバも回遊魚で、日本近海ではよく収穫され値段も安定した大衆魚である。それが豊後水道の関アジ・関サバとなれば別格扱い。東京の居酒屋でも空輸品を刺身として出す店がある。普通のアジやサバとどこが違うのだろう。

まず関アジ・関サバには、フランスワインの原産地統制呼称なみ（?）に厳密な定義がある。これを名乗ることができるのは、豊後水道（豊予海峡）で一本釣りされ、大分県の佐賀関町に水揚げされたアジとサバだけである。網による漁ではなく一本釣りの場合、身に傷がつかない利点がある。

そして漁船では釣れた魚を船内の生《い》け簀《す》に放し、ストレスを与えないようにする。水揚げされた魚もそのまま陸の生け簀に移されるが、ここでは担当者が目で見て大きさと重さを推し量る。実際に量ると、やはり魚に傷がつくからだ。遠方へ送る場合にはそこで活け締め（血抜き）して発送するのが一般的。最近では魚のツボに針を刺して、マヒさせて輸送するという技も登場している。

またこの海域でとれるアジやサバは「瀬つき」といわれ、激しい海流に揉まれながらも回遊しないため、身の締まりと脂ののりが抜群となるのである。少々お高いが、刺身で食べる機会があれば、アジやサバのイメージを一変するような衝撃をもたらしてくれるはずである。

さて、北の海にいてそれ以上に貴重なのが幻の鮭・鮭児である。なにしろ鮭一万匹の中に二〜三匹しかいないとされる超稀少品だ。この魚の生態はまだよくわかってはいない。

アムール川生まれの鮭が、まだ産卵する年齢に達する前に北海道の沖合にとどまって栄養豊富な餌を食べるため、脂ののりが抜群になるのではないかという説が有力だ。

素人目にはわかりづらいが、鮭児は小ぶりでずんぐりとし、未成熟なので白子もスジコも入っていない。脂の質のよさと旨味は、本マグロの大トロをしのぐといわれる極上品だ。こちらは目にすること自体かなり困難な魚である。

他の一般的な魚とは違って回遊せず、その場でのんびりブラブラと遊んでいるだけの関サバ・関アジ・鮭児。人間ならば少々肥満気味の若旦那といった存在だろうか。

肉じゃがは決して「お袋の味」ではない

肉じゃがといえば、まず浮かぶ言葉は「お袋の味」だろう。確かに昔懐かしいお惣菜だし、小料理屋や居酒屋でも、これが出てくると故郷や母親を思い出す男性は少なくないはず。

ところで肉じゃがが発明（?）されたのは明治時代である。考えてみれば日本人に肉食が解禁されたのが明治時代なら、西洋野菜であるジャガイモやタマネギが入ってきたのもそう。当時は物珍しい食材だったのだ。

東郷平八郎が肉じゃがの父!?

京都府の舞鶴市は「肉じゃが発祥の地」を宣言している。その主張は以下のとおりだ。
「かつて、日本の海軍では、航海中の水兵さんの脚気《かっけ》を防ぐため、栄養のバランスを考えて、英国海軍の艦上食をモデルに食事を改善（中略）ご存じのように、明治三四年（一九〇一年）に舞鶴海軍鎮守府が開庁され、初代司令長官として東郷平八郎が着任しましたが、青年時代には英国は主にポーツマスに留学していました。東郷さんは、その頃食べたビーフシチューの味が忘れられず、部下に命じて艦上食として作らせたのが、肉じゃがの始まり（以下略）」（舞鶴市のホームページより）
ところがこれにクレームをつけたのが広島県の呉市である。東郷平八郎は舞鶴に赴任する前には呉におり、当然そのときに肉じゃがも作っていたはずだと主張するのである。
「『肉じゃが』は、もとをたどれば東郷元帥発案といわれる旧海軍の栄養食です。呉の『肉じゃが』は、この地域の食材を使って、当時のレシピ通りに作った元祖の味です」(呉市のホームページより)

論争が収まる気配はまったくないが、両者とも一致しているのは、肉じゃがの父(?)が東郷平八郎であるということ。肉じゃがはお袋の味ではなく、海軍にいった息子が家に戻って母に伝えた料理だったはずである。

和風ビーフシチューとしてスタートした肉じゃがだが、最終段階で味付けに加えるものを違えると、やはり海軍の名物料理となったあるものに容易に転化する。肉と野菜を煮込んで、最後に醤油と砂糖で味付けをすれば肉じゃが、その代わりにカレー粉を加えればカレーライスになるではないか。

どちらも軍隊で生まれて普及した料理なのでした。

安い食べ物にはウラがある!?

食品もブランド化している現在、食肉業界では不正な表示や賞味期限の書き換えを恒常的に行なう会社があることが明るみに出て、消費者からの信頼が地に落ちたのは記憶に新しい。

この大騒動が起こる以前から、例えば薩摩の黒豚などは、生産量より流通量がはるかに多いと指摘されていた。

こうした行為はもはや犯罪だが、それとは一線を画したコピー食品やイミテーション食品も、我々の周りにはあふれている。シシャモの代用品、カペリンなどもその好例だろう。

またコピー食品として始まったものが、一般食品として認知され定着したものもある。その代表はガンモドキだ。

これは元々、豆腐の大豆タンパクを使って、雁肉の味を出そうとしたコピー食品。だから名前も「雁もどき」なのだ。西洋にだって人造バターなるコピー食品があった。そう、マーガリンである。

稀少で高価な食品が、妙に安値で出回っていたらその正体を疑ったほうがいい。現在出回っているそうした「なんちゃって食べ物」にはどんなものがあるのか調査してみた。

例えばキノコ。ホンシメジとして売られているものの大多数はブナシメジやヒラタケである。着色したサラダ油で作った人工イクラ、スケトウダラ製のカニかまぼこもポピュラーなところ。

そういえば偽シシャモのカペリンは、コピー魚卵の原料としても大活躍している。カペリンの卵を集めて固めて味付けして、数の子もどきやカラスミもどきに変身させているのだ。

魚卵には大物のイミテーションもある。数ある魚卵の中で、世界一高価なのはもちろんキャビア、カスピ海が本場とされるチョウザメの卵である。その代用品として、トビウオやホウボウの卵に着色味付けしたイミテーション・キャビアが、およそ一〇分の一のお値段で発売中。

シャケ弁当のシャケはマスで代用されているケースが大多数だし、魚肉ソーセージというのもなかなか味わい深いコピーである。

もちろん代用品をそう断って製造販売することは違法ではない。コンビニや居酒屋などでも、一方に無農薬や有機栽培、添加物不使用など本物志向があり、もう一方にはイミテーションの世界がある。二極分化の方向は、ますますはっきりしていくのだろうか。

洋風居酒屋編

ウイスキーについて

ウイスキーってなんだろう

「ウイスキーの定義は何か」である。いきなり哲学的（?）な設問で恐縮だが、即答していただけるだろうか。「麦から造った蒸留酒」「イギリスのお酒でしょう」――どちらも一部は正しいが、正解とはいえない。なぜならば麦以外から造るウイスキーもあれば、イギリス国外で生産されるウイスキーも世界には少なくないからだ。

現在ではスコッチ、アイリッシュ、アメリカン、カナディアン、ジャパニーズの五つを「世界五大ウイスキー」という。少なくとも日本のウイスキーメーカーはそう主張している。だが正味の話、ウイスキーの本場スコットランドの一般人にもそんな（日本を加えた）認識があるのだろうか。もしかしたら「東洋のベニス・柳川」みたいな感じの主張かも。

それはともかくこの五つのウイスキーに共通していることを調べてみると、①穀物を原料としていること②蒸留酒であること③樽で貯蔵して熟成させること……くらいだろうか。つまりウイスキーとは「樽で貯蔵した穀物の焼酎」だといっていい。

世界のウイスキーでいちばん古い歴史を持つのは、たぶんアイリッシュである。断定できないのは、「スコッチこそ最古なり」との主張がスコットランドにあり、両者の間ではいまだに元祖論争が続いているからだ。

「アイリッシュ元祖説」の拠り所は、ウイスキーの存在を示す最古の記録があることだ。イングランドのヘンリー二世が一一七二年にアイルランドに侵入したとき、かの地の住民であるゲール人が「ウシュク・ベハー（uisge-beatha）」と呼ばれる蒸留酒を飲んでいたとの記録が残っているのである。

もちろんウイスキーのルーツも、他の蒸留酒と同じである。古代ギリシャで発生して七世紀のイスラム世界へと受け継がれ、錬金術によって発展してきた蒸留技術が、ヨーロッパに伝えられて定着した結果、造られるようになった酒がウイスキーなのだ。

ちなみに蒸留酒をラテン語では「アクア・ビッテ（aqua vitae）」という。それがフランスに伝わるとブランデーを表す「オー・ド・ヴィー（eau de vie）」となり、ロシアではウォッカの語源でもある「ジーズナヤ・ヴァダー」という言葉に転じている。どの言葉も意味は共通で「生命の水」である。蒸留という摩訶不思議な技術を使って誕生し、人をしたたかに酔わせる液体に、人々は神秘的な何かを感じたのだろう。

そしてゲール語の「ウシュク・ベハー」も、その意味は他の兄弟たちと同じ「生命の水」である。時代を経るうちに呼び名も「ウシュケボー」から「ウイスキー」へと変化したのだという。

脱税で色気がついた（?）ウイスキー

ウイスキーの美しい色を表すのにもっともふさわしいのは「琥珀色《こはく》」であることに異存のある方は少ないはずだ。ところで、いうまでもなくウイスキーは蒸留酒である。日本の焼酎やウォッカを見てもわかるように、蒸留して造られた酒は、基本的には無色透明なはずではないか。なぜウイスキーやブランデーは琥珀色に染まっているのだろうか。

もちろん蒸留して貯蔵される前の若いウイスキーには、あんな色はついてはいない。では何かで着色しているのだろうか。ウイスキーの色をととのえるためにカラメルで色付けをしているなんて話もなくはないが、これはあくまでも邪道である。まっとうなウイスキーはまっとうな色づき方をしている。

密造され隠匿されたシェリーがスコッチを生んだ

実はウイスキーを貯蔵する樽こそ、ウイスキーに独特の色と風味を与える名演出家なのだ。樽の木の色が透明な酒に移って神秘的な琥珀色に変わっていくというわけ。樽はウイスキーの原料の一つだといってもいい。

ところで、樽によるウイスキーの長期貯蔵と熟成が始まったのは、一〇〇〇年以上前から続いているとされるウイスキーの歴史の中では、比較的近年に行なわれるようになった習慣だ。それもなんと税金逃れのために始まったというから、ことは穏やかではない。

一七〇七年にスコットランドを併合したイングランドは、まずまっさきにスコットランドのウイスキーへの課税を強化しはじめた。オカミというものは洋の東西と時代を問わず、何かと理由をつけては民から税金を徴収しようとしてくるものだ。

そして民の側も、これまた税金を逃れようとあの手この手を繰り出してくる。当時のスコットランドの酒造業者たちがとった手段は、酒造場を山の中に移し、できたウイスキーは税金逃れのために隠匿するというシンプルかつストレートなものだった。

買い手が現れると山中の穴蔵などに隠していた密造酒を引き渡すのである。そしてその貯蔵容器として重宝されたのがシェリー酒の空き樽だった。オーク材（ブナ科コナラ目の高木）でできたこの樽がなぜ選ばれたかというと……そこいらに転がっている、珍しくもない空き樽だったからである。

造るはしから右から左へと密造ウイスキーがさばければ、密造業者としては商売繁盛で慶賀の至りだが、そうそううまく売れてはくれないこともある。となるとウイスキーをたたえたシェリー樽は放置されることになってしまう。はなはだしいときにはそれが数年に及ぶこともあったのだ。

あるときそんな樽をおそるおそる（？）開けてみると、中のウイスキーは見事な琥珀色に変化し、オークの成分もにじみ出て、いままでにない芳香を放ち、まろやかな旨味に満ちているではないか。そう、いま我々が知るタイプのウイスキーは、まったくもって怪我の功名の産物だったのである。

密造スコッチの時代は、一八二三年にウイスキー条例が制定されて税が軽減されると一大転機を迎える。「どっちみちやむことのない密造なんだから、産業として育てたほうがかえって儲かる」との判断による新税だった。

以後、スコッチウイスキーのメーカーは続々と合法化して、表社会に顔を出すようになっていった。「ザ・グレンリベット」「ザ・マッカラン」など、シングルモルトで知る人ぞ知るブランドや、「ジョニー・ウォーカー」「ホワイト・ホース」などの有名メーカーもこの頃に誕生している。

ウイスキーのメジャーはスコッチ

「最古論争」でこそ旗色が悪いが、スコッチこそ世界のウイスキーの保守本流でありメジャーであることは疑いようがない。「バランタイン」「ジョニー・ウォーカー」「シーバスリーガル」といったスコッチの有名どころには「ブレンデッド・ウイスキー」が多い。何をブレンドするのかといえば、「モルトウイスキー」と「グレーンウイスキー」である。

モルトとは、ビールの項目でもおなじみの発芽した麦芽。スコッチの場合は二条大麦を使用する。そしてグレーンとは穀物のことだ。我々が持っている「ウイスキーは麦の焼酎」とのイメージは、モルトウイスキーに対するものなのだ。スコッチの場合、モルトウイスキーは発酵したモルトの醪《もろみ》を単式蒸留機（ポットスチル）で二回か三回蒸留して造られる。つまりこれは日本の焼酎でいえば旧乙類、本格焼酎に相当する。

一九世紀以前のスコッチウイスキーは、すべてこのモルトウイスキーだった。発芽したモルトは一度乾燥させるのだが、山に隠れていた密造酒時代には燃料にも事欠いたため、スコットランドの原野からピートを切り出して燃やすようになった。ピートとはヒースという草が堆積したスコットランド特産の泥炭《でいたん》のことである。

モルトはピートの煙でいぶされることで、独特の風味をウイスキーに残すことになる。それが「スモーキー」と評される、スコッチ特有の味わいとなるのだ。ウイスキーの煙っぽさ加減は、もちろんピートの質やモルトのいぶし加減に大きく作用される。

一方のグレーンウイスキーはウイスキー界の新顔だ。こちらは一八三一年に完成したコフィ・スチルという連続式蒸留機（パテント・スチル）のおかげで造ることができるようになったウイスキーである。穀物が原料、連続式蒸留……もうおわかりですね。日本式にいえば旧焼酎甲類に相当するウイスキーなのだ。

ブレンデッド・ウイスキーで、モルトウイスキーは原酒である。これに安価で大量生産が可能なグレーンウイスキーをブレンドする手法が登場したことで、スコッチウイスキーの大量生産が可能になったのだ。また味わいとしても軽やかで飲みやすいタイプのウイスキーができるようになった。

さらにスコッチは「対岸の火事」で大儲けをすることになる。ブレンデッド・ウイスキーが普及しはじめた一九世紀の後半に、フランスのブドウがフィロキセラ虫の発生で壊滅状態になってしまったのだ。

酒の大消費者でもある当時のイングランドの貴族や富裕層は、もっぱらフランスから輸入したクラレット（ボルドーの赤ワイン）やコニャックを愛飲していた。スコッチに対しては「下賤な酒」といった程度の認識しかなかったのである。しかしワインもブランデーも手に入らなくなると、代用品となったスコッチが英国全土にすっかり定着していくことになったのだ。

モルトウイスキーこそスコッチの華

酒好きの世界を眺めてみると、日本酒通は純米びいき、ビール通は麦芽一〇〇パーセントのビールびいきなのが通例だ。これと同様に、鼻持ちならぬスコッチウイスキー通……いやいやスコッチをこよなく愛する人々は、当然のようにモルトウイスキーをひいきにしがちである。酒マニアの酒原理主義（？）はここでも健在なのだ。

モルトウイスキーはラベルを見ると「single malt」「pure malt」などと書かれているので一目瞭然だ。「シングルモルト」という言葉はお聞きになったこともあるでしょう。そういえばニッカウヰスキーでは「ピュアモルト」が商品名にもなっている。この両者には何か違いはあるのだろうか。

もちろんあります。両方とも一〇〇パーセントモルトウイスキーであることに相違はない――インチキされてない限り。このうちシングルモルトは、一つの蒸留所のモルトウイスキーだけを瓶詰めしたものである。単一の製造場で造られた純麦芽ウイスキー。日本酒の項目に似たようなのがあったぞ。そう、これこそスコッチの「生一本」ではないか。

逆にピュアモルトと称しているほとんどの場合、そのウイスキーは複数の蒸留所のモルトウイスキーを混ぜ合わせたものである。では「ブレンデッド・モルトウイスキー」というわけか。ところが業界の事情はまたまたヤヤコシい。ブレンディングは、あくまでもモルトウイスキーとグレーンウイスキーを混ぜ合わせるときに使われる言葉なのだ。

モルトウイスキー同士を混ぜることは「バッティング」という。蒸留所の技師たちがオーク材のバットでウイスキーを叩くようにかき混ぜるから――ではない。ウイスキーを大きな桶（vat）で合わせるからである。原音に近くいえばヴァッティング。こうしてできたウイスキー、すなわちピュアモルトウイスキーのことを「ヴァッティッドウイスキー」ともいう。

整理しておきましょう。シングルモルトはモルトウイスキーの生一本。ピュアモルトは複数のシングルモルトが合わさったもので、ヴァッティッドウイスキーともいう。ブレンデッド・ウイスキーにモルト一〇〇パーセントの製品はないし、ヴァッティッドウイスキーにグレーンウイスキーが混入したものもない……かえって混乱しちゃいますか。

ではシングルモルトとピュアモルト、美味いのはどちらか。レベルが高いのはどちらか。これはもう人の味覚のことだから、自分で飲んで好みかどうかを味わい分けるしかない。一般には、シングルモルト好きは、素朴でなおかつ個性が豊かなのはシングルモルトだといい、ピュアモルト派は複数のモルトが合わさることで味の深みが生み出されると主張しがちだ。

しかしながら、ウイスキー通ぶりの度合いが進めば進むほど、人はシングルモルトを推したくなるもののようだ。自称ウイスキー好きに聞いてごらんなさい。きっとベストはシングルモルトだと言い張るはずである。

ところで、こちらはあまり知られていないと思うが、シングルモルトよりもさらに純粋な、「シングルカスク」というウイスキーがある。なんと一つの樽に貯蔵されたモルトウイスキーだけを瓶詰めしたものだ。日本産のものではニッカウヰスキーが限定販売している。モルトウイスキーを突き詰めた順番（?）は、ピュアモルト＞シングルモルト＞シングルカスクとなるのである。

アイラをニート、チェイサーで

スコッチウイスキーは生産される地域によって、ハイランド、ローランド、アイラ、キャンベルタウンの四つに区分されている。

蒸留所の数も生産量も抜きん出ているのはハイランド。メジャーどころのメーカーもここに集中している。

またハイランドでも特に蒸留所の多いスペイサイド地区をハイランドとは分けて五地区と数えることもある。スペイサイドのモルトといえば、スコッチの顔役でもある「ザ・グレンリベット」「ザ・マッカラン」など、スコッチを代表するものだ。ハイランドウイスキーの特徴は、ピートの効いたスコッチらしいスコッチが造られているところにある、など物の本には書かれているが、昨今の酒事情を見れば、地区よりは蒸留所の技量のほうが、味への影響はよほど大きい。

ローランドウイスキーは三回蒸留が主流で、ピートの香りもハイランドほどはきつくない。スコッチの中では穏やかな味わいが特徴だ。代表的なモルトウイスキーの銘柄は「オーヘントッシャン」である。さらに、地区としては小さなキャンベルタウンのモルトといえば、まず「スプリングバンク」だろうか。

とはいえスコッチのマニア同士でもない限り、酒場で「スコッチウイスキーの地区」を力説したところで、周りからは引かれてしまうのが関の山である。その場で通ぶりたい、ウイスキーを知っている人間だと思われたい人にお勧めなのは、さりげなく「アイラ好き」を演じることである。アイラウイスキーのファンには渋さが漂う。

アイラ（Islay＝アイレイとも読む）地区のモルトウイスキーの特徴は、強烈なピートの香りと重厚な風味だ。海岸で乾燥されたピートからは強い海の匂いが麦芽に移り、できあがったウイスキーからは磯の香りが漂ってくる。ただし、アイラが苦手な人からは「クレゾールのようだ」ともいわれるが。

「アイラのモルトがいいな。うんとスモーキーなもの」このひと言で、相手はあなたをただ者ではないと判断する……はずだ。「飲み方はどうなさいますか」との問いには、それ以外の飲み方があるのかと少し驚いた表情で「ニートとチェイサー」と切り返す。もちろんニートとはストレートのことで、チェイサーは「追いかけるもの」つまり水である。

ただし不慣れな店員から「どのウイスキーか、商品名を言っていただけませんか」と問われてうろたえたりしないように。強烈なアイラモルトとしては「ラガヴーリン」「ラフロイグ」あたりの名前を覚えておくといいだろう。

ついでにいえば、ハマった人はやみつきになること必定のアイラモルトのストレートだが、ハマらなかった人には、煙くて強烈でけっこうツラい飲み物かも。心して注文しましょう。

ジャパニーズウイスキーの始まり

我らがジャパニーズウイスキーは、製法としてはスコッチウイスキーの忠実な弟子である。そしてかつて「日本のウイスキーの父」と呼ばれる男がいた――と書くとまるでコマーシャルだが、ニッカウヰスキーの創設者・竹鶴政孝がまさにその人である。

ではニッカが日本のウイスキーのパイオニアか……というと、ややこしいことにそうではなく、日本初の本格ウイスキー「白札」を一九二九（昭和四）年に売り出したのは寿屋、すなわち現在のサントリーなのである。このへんの事情、わかりますか。

竹鶴は一九一八年から三年間、ウイスキーの製造技術を学ぶためにスコットランドのグラスゴー大学に留学している。竹鶴の帰国後、第一次世界大戦後の不況下でも「赤玉ポートワイン」の売れ行きが好調だった寿屋の創設者・鳥井信治郎が竹鶴を会社に招き入れ、彼を責任者として京都の山崎に蒸留所を建設してウイスキー造りに着手したのだ。

余談ながら、サントリーという社名は、初期の主力商品の「赤玉」が太陽を思わせるところから「サン」、それに創設者の名字「トリイ」をくっつけてサントリーなのだそうだ。さらにいえばこの赤玉ポートワイン、現在は販売されていない。一九七三年に『ポートワイン』とはポルトガル産ワインにのみ許された命名だ」と、ポルトガル政府の抗議を受けると、「赤玉スイートワイン」に名前を変えてしまったからだ。

さて、竹鶴政孝は寿屋のウイスキー製造責任者として「白札」の製造に携わったが、やがて一九三四年に同社を退社すると、同年に「大日本果汁」を設立した。これは竹鶴がウイスキー造りに最適な土地と考えた北海道・余市に蒸留所を築き、ウイスキー製造を軌道に乗せるまで、ジュースの製造販売を行なっていたためにつけた社名だ。「ニッカ」とは「大日本果汁」の略語なのである。

こう書くと、理想に燃えた技術者の竹鶴と、辣腕《らつわん》の関西商人の鳥井という図式が浮かび上がってきそうだが、ことはそれほど単純でもないようだ。ちなみにサントリーのホームページなどでウイスキー製造当初の事情を調べても、竹鶴の名前は出てこない。

そして「白札」発売の状況については、「一九二九年（昭和四年）、本格国産ウイスキー『サントリーウイスキー白札』が誕生します。最初はなかなか受け入れられませんでしたが、その後一九三七年（昭和一二年）には『角瓶』が発売され、好評を博すことになります」とある。普通に読めば、「竹鶴政孝が出て行ったあと、サントリーはヒット商品を発売したんだよ」ということだろう。

かたやニッカの言い分を見ると、「（寿屋での）ウイスキーづくりはひとまず軌道に乗ったが、まだまだ自分の納得のいくものではなかった。そして四〇歳になった竹鶴は寿屋に別れを告げ、長年の念願であった自分のウイスキーづくりを実行に移す」と、こちらも一歩も譲らず、「竹鶴が納得のいくウイスキーが造れるようになったのは、サントリーを辞めて余市に工場を建ててからだよ」と主張しているかのようである。

鳥井信治郎と竹鶴政孝、この二人がいなければ日本のウイスキーは誕生しなかったことは間違いない。けれども「両雄並び立たず」だったこともまた確かなようである。

残る三大ウイスキーの特徴は

スコッチと、製法としてはほぼ同じ日本のウイスキー以外のウイスキー、つまりアメリカン、カナディアン、アイリッシュについても簡単に触れておこう。

アメリカのウイスキーといえばバーボンの印象が強い。だがアメリカではバーボン以外にも、ライウイスキー、コーンウイスキーが造られているし、バーボンと製法はほぼ同じながら、造られる場所によってテネシーウイスキーと分類されるものもある。

アメリカのウイスキーの用語に「ストレート」という言葉がある。「ケンタッキー・ストレート・バーボン」「ストレート・コーン・ウイスキー」などの表示が、ラベルに書かれているボトルも少なくない。

タフなアメリカの男性は当然バーボンをストレートでグイグイ飲む。そんなイメージが浮かぶが、この場合のストレートとは品質を保証する言葉で、「よく熟成されている」ことを意味している。日本に輸入されている高級品にはよく見られる表記だ。

また、一八世紀後半からの伝統を持つアメリカンウイスキーは、古い樽を使うスコッチとは違って、熟成するための樽にオークの新材を使う。その内側を焦がしてから新酒を入れ、貯蔵するのが特徴だ。

アメリカンウイスキーの原材料にはトウモロコシやライ麦や大麦が使われているが、このうちトウモロコシが五一パーセント以上（八〇パーセント以下）だとバーボンウイスキーとなる。またライ麦の使用率が五一パーセント以上のものはライウイスキーに分類される。

さらにコーンウイスキーとは、原材料の八一パーセント以上にトウモロコシを使用しているもの。ただしこちらは熟成していなくてもいいし、焦がした樽の使用も義務化されてはいない。トウモロコシが多いから高級なウイスキーというわけではなく、トウモロコシの地焼酎くらいの感覚だ。

最後に「ジャックダニエル」に代表されるテネシーウイスキー。サトウカエデの炭で濾過する過程が加わるくらいで、造り方はバーボンとほぼ同じだ。しかしながら産地がケンタッキー州のバーボン郡ではなくテネシー州になるため、特にテネシーウイスキーと呼んで区別しているのだ。

アイリッシュもカナディアンも、日本では意外となじみが薄いが、五大ウイスキーの中ではどちらも極めて味わいが軽いタイプになる。

ストレート・ウイスキーはバーボンだけの言葉ではない。「アイリッシュ・ストレート・ウイスキー」ってなんでしょう。アメリカンウイスキーで出てきたばかりだから、「熟成されたアイリッシュウイスキーのことでしょう」ですか。ところがアイリッシュではまた違った意味になる——ムカつくでしょう。

アイリッシュでストレート・ウイスキーといえば、スコッチのモルトウイスキーと同様の「原酒」を意味するのである。アイリッシュの原酒の材料には、大麦の麦芽、ライ麦、小麦などを使う。基本的にピートでいぶすことはないので、スモーキーな癖もつかない。

これをそのまま熟成させれば、原酒そのもののアイリッシュ（ストレート・ウイスキーだ）になり、トウモロコシを主な原料にしたグレーンウイスキーと混ぜ合わせれば、アイリッシュのブレンデッドウイスキーの誕生だ。

アイリッシュよりもさらに軽快なカナディアンウイスキーは、ライ麦を主体として連続蒸留と単式蒸留を両方行なった「フレーバリング・ウイスキー」を原酒として、トウモロコシが主体のグレーンウイスキーである「ベース・ウイスキー」をブレンドし、三年以上熟成して造られる。

まあ、製造法を調べるよりは飲んでみるほうがよほどウイスキーを知ることになる。ウイスキーの大まかな成り立ち、あまりこだわりすぎるとかえって酒が不味くなります。

なぜ貯蔵すればウイスキーは美味くなるのか

ウイスキーを貯蔵した年数で「何年もの」ということがある。当然ながら年数が増えれば増えるほど、モノは高級（高価）になっていく。ブレンデッド・スコッチの雄「バランタイン」一瓶のお値段（取扱業者の希望小売り価格）で見てみると、一七年（二万一七三九円）→二一年（二万八九〇〇円）→三〇年（八万八五〇〇円）と、出世魚もビックリの跳ね上がり方である。

蒸留したての透明なウイスキーを「ニューポット」という。これをオークなどの樽に詰めて長い熟成の時が始まるのだが、どんなニューポットでも長く寝かせれば寝かせるほど美味しくなるわけではない。例えば三〇年もの長期熟成に耐える原酒は、最初からそれを前提として選りすぐられたものなのだ。原酒の質やタイプによって、もっとも適切な熟成時間を見極めるのも蒸留所の技師の腕の見せどころとなる。

またブレンデッドウイスキーの場合、最初からモルトとグレーンをブレンドしてから貯蔵するわけではなく、ある程度熟成した段階で両者をブレンドし、再び樽詰めしてさらに熟成させる。さらに味をなじませるこの再熟成を業界用語では「マリッジ（結婚）」という。モルトとグレーンは一心同体、離婚はあり得ない夫婦となるのである。

さらにいえば、ブレンデッドウイスキーの熟成年数は、ブレンドされた酒のうちもっとも若いものの貯蔵年数を表している。だから三〇年もののモルトに八年もののグレーンを少し混ぜれば、それは「八年もの」になってしまう。さすがにそんなことをする業者はいないから、おおむね適合した年数のウイスキーがブレンドされているはずだが。

ところでウイスキーにしろブランデーにしろ、長期貯蔵された蒸留酒はなぜまろやかな味になるのだろうか。もちろん樽の成分が溶け出してウイスキーに色と香りが移り、ニューポットの刺々しさがなくなっていくのは理解できる。しかしそれだけでは片づけられない、貯蔵による質の向上の正体はなんなのか。

液体であるウイスキーが安定した状態に長く置かれることで、水とアルコールの分子の結びつきが密になり、それによってまろやかさや口当たりのよさが生まれるという説がある。ウイスキーが樽の中で空気と触れ、酸化することによる変化や、脂肪酸とアルコールが反応してよい香りのするエステル化が起きていることも知られるようになった。だが熟成の仕組みには、化学的にはまだまだ解明されていない部分も多いのだ。

ウイスキーの貯蔵に関係して「天使の分け前」という粋な言葉がある。樽にはもちろんかすかな隙間があるため、貯蔵されているウイスキーは少量ずつ蒸発してしまう。その量は年に二パーセントほどだとされている。それが貯蔵所に棲む天使が飲んだ分だとされているのである。

長期貯蔵されるウイスキーともなれば、天使の分け前も相当な分量になってしまう。一二年の貯蔵で二割強、三〇年も貯蔵していれば、実に半分近くを飲兵衛の天使（？）が持っていってしまう計算だ。

分け前を飲む天使？

ところで、高級ウイスキーをサイドボードなどに陳列し、決して開封しようとはしない人がいる。一二年もののウイスキーをさらに一〇年寝かせておいたら当然二二年ものになる――ただし、この状況を正しい言葉で説明すれば、それは「一〇年間放置された一二年もののウイスキー」である。

ウイスキーの熟成とは、あくまでも樽の中で起こること。ひとたび瓶詰めされたウイスキーは、それ以上熟成が進んだり質が向上したりすることはない。おかげで天使にも分け前は渡さずにすむのだが。

ウイスキーの「シングル」「ダブル」ってどんな意味

洋風居酒屋でウイスキーをショットで注文。メニューの銘柄の横に「S」だの「W」だのと書かれている。もちろん「シングル」と「ダブル」のことで、ダブルはシングルの倍の量である。当たり前か。

ではシングルは何の量だろう。それは小さなショットグラス（ストレートグラス）一杯分の量である。そしてそれが一オンス（約三〇ミリリットル）になる。容量七五〇ミリリットルの平均的なウイスキーボトルからは、二五杯ほどのシングルのショットがとれるということだ。

キッチリとしたお店では、メジャーカップ（バーテンダーが使う金属製の鼓型の容器）でキッチリ量ってシングルを入れる。ここでさらに気のきいた店員だと、オマケとして瓶から直接チョロチョロと注ぎ足してくれたりもする。日本酒の注ぎこぼし的な居酒屋感覚に心なごむ一瞬である。

こうして注がれたウイスキー、飲み方はその人のお好みでいかようにもだが、日本ではもっともポピュラーな「水割り」は、世界のウイスキー飲みの中ではどうにも軟弱な少数派である。

ウイスキーの水割り文化を作ったのは業界の巨人・サントリーだというのが定説だ。高度成長時代、「サントリーオールド」を主力商品として有卦《うけ》に入っていた同社が、和食にも合うウイスキーの飲み方として「水割り」を提唱。「日本橋作戦」と名付けて大攻勢をかけ、以後ウイスキーの水割りは日本の定番となったというのである。ちなみに「日本橋」とは、和食の店の多い「日本橋」と「二本箸」をかけたシャレだという。

ところでかつて高級ウイスキーとして一世を風靡した「サントリーオールド」だが、その俗称に関東・関西の違いがあるのはよく知られていた。関東では「ダルマ」、関西では「タヌキ」がそう。受験生のバイブルだった『試験に出る英単語』も東と西で『出る単』『シケ単』、ハンバーガーのマクドナルドも「マック」と「マクド」……いや、余談でした。

日本以外の国々ではニート（ストレート）やオンザロックがポピュラーなウイスキーだが、その味がいちばんよくわかる飲み方は実は水割りだとされている。ただしこちらの水割りはウイスキーと水の比率が一対一。アルコールの強すぎる刺激を減らし、潜んでいた香りもよく出てくるということで、ブレンダーなどウイスキーのプロフェッショナルも「利ウイスキー」(?・) のときにはこうして飲むのが一般的な流儀なのだ。

なお、マイボトルや自宅でウイスキーを飲むときに、いちいちメジャーカップで量る几帳面な人は少数派だろう。そんなときには「指」を目安にすればいい。底から指一本の幅の高さまで注いで「ワンフィンガー」。倍なら二本で「ツーフィンガー」だ。決して指を縦にして量らないでください。

偉大なるワインの世界

人類最古の飲み物はビール。ではワインは

ビールの項目のところで「ビールは人類最古の飲み物である」と書いた。ワインだってそれに負けず劣らず昔からあったのではないか。いや、実はワインは人類よりずっと古くから存在したお酒なのである。

麦から造られるビールは、人が手を加えて麦のデンプンを糖化してから発酵する人工的な酒である。それに対して初めから糖分たっぷりのブドウの果汁は、空中を漂っている天然酵母が結びつけばそのまま発酵して酒になる。

人間が栽培する以前の野生のブドウが熟して木から落ち、たまたまその真下に窪みのある石でもあれば、自然の中でワインは生まれていたはずだ。猿が蓄えていた木の実が発酵した「猿酒」なるものがあるが、人も猿もいなくたってワインは勝手にできていたのだ。

ところで、ワインは多くの国語辞典で「ブドウ酒」として扱われているが、これには異論がなくもない。広義のワインは「果実酒」のことで、ブドウから造るワインはその一種のグレープ・ワインであるという考えだ。

ワイン＝ブドウ酒説をとる場合、その他の果実を原料とした醸造酒は、フルーツ・ワインとするのが通例である。いずれにせよワインの仲間は果汁から造られた醸造酒。穀物を原料とするビールや日本酒とは、同じ醸造酒でも少々系統が違っている。

ところでワインといえばフランスやイタリア名産の、赤とか白とかロゼがあって、コルクの栓を抜いて飲む、あのワインのこと……だと思いますよね。だれだって。もちろんそうなのだが、ブドウから造られるワインはさらに四種類に分類されるのだ。そしてもっともポピュラーなこのタイプは、その分類の中では「スティル・ワイン」という。

このスティル（still）とは、映画の「スチール写真」のスチールと同じ意味。つまり「静止した」という形容詞である。映画の場合は「動画」に対する「静止画」であって、場面を「盗み撮り」するからではない。盗むほうのスチールはもちろん「steel」である。このスティル・ワインを日本語化すれば「非発泡性ブドウ酒」となる。

ということは静止していないワインもあるわけで、それが「スパークリング・ワイン」に分類されるワインである。代表選手はもちろんシャンパン。こちらは「発泡性ブドウ酒」だ。

さらに「フォーティファイド・ワイン」なるワインも存在する。「酒精強化ブドウ酒」である。なんだかバイアグラ的な効果（?·）を夢想してしまうが、「酒・精強化」と分けるのではなく「酒精・強化」だ。そして酒精とはアルコールのこと。ワインに蒸留酒（ブランデー）を加えて度数を高くしたワインの仲間である。スペインのシェリーやポルトガルのポートが有名だ。

そして最後に「フレーバード・ワイン」（「アロマタイズド・ワイン」ともいう）がある。こちらは「香味添加ブドウ酒」だ。ワインに香草や香辛料や果実などで味付けをしたもの。フランスやイタリアのベルモット、スペインのサングリアなどが知られている。

とはいえ普通にワインといえばまずスティル・ワインのこと。いや、かえってスティル・ワインでは日本じゃ通用しないかも。

赤ワインと白ワインの色の違いは

きら星のごとく並ぶ世界の名醸ワインを語ることもなく、実にシンプルすぎる設問である。しかしながら当方としては、洋風居酒屋でワインを楽しむことが目的の方に、本格的なワイン通になることはあえてお勧めしない。

確かに本書でも、日本酒に関しては最高レベルのものを数多く利き比べて、しっかりとした味覚を造りましょうと提唱した。だが世界に名の通ったワインともなれば、小売店の価格でも一本三万円五万円は当たり前である。いや、そのあたりから始まるといってもいい。「頂点」のワインともなれば値段はそれこそ天井知らずの恐ろしい世界。味覚の基準を作ろうと思ったら、とんでもない出費が必要なのだ。

あなたが大富豪のご子息かご令嬢でもなければ、名ワインを味わい尽くすためには自分の時間と資力の大半をワインに捧げる覚悟をする必要がある。あるいはワインに触れる機会の多い職業を選ぶしかない。ソムリエ、それも一流のソムリエとか。

さて、話を戻して赤ワインと白ワインの色はなぜ違うのかである。答えは、黒ブドウから造れば赤ワインができ、白ブドウから造れば白ワインができる。なぞなぞより簡単でしょう。

赤ワインを造るときには、まず摘み取った黒ブドウの軸を外し、破砕して皮も果汁も果肉も種もそのままタンクに仕込んでしまうのだ。当然、皮の色素がしみ出て中の液体は赤ワインのルビー色（いや、ものによってずいぶん差はあるのだが）になる。そして種からはタンニンが出て、あの独特の渋味を生み出していくのだ。

発酵が始まってしばらくすると、醪を濾して固形物は取り除くのだが、その期間が短ければ短いほど、赤ワインは色も味わいも軽やかなものになる理屈である。こうした漬け込みのことを「かもし」という。

長期間貯蔵して熟成させるワイン、つまり高級ワインは一般的に長い時間「かもし」をして、色も渋味もしっかりとつけられる。ということは、超高級ワインもまだ若いうちに飲んでしまうと、渋味の勝ったエグい味のものでしかない。

白ワインの場合は、基本的に白ブドウの軸を除いて破砕すると、まずそこで搾ってブドウジュースにしてしまう。固形物はその段階で取り除かれるのだ。だからタンニンの出もそこで止まるし、多少は色づいている皮からの色移りも防げるわけだ。

また、白ブドウから赤ワインを造ることはできないが（当たり前だ）、黒ブドウから白ワインを造ることはできるし、そんなタイプの白ワインも実際にある。そういうケースでは破砕する前に皮を取り除いて、果実の段階からスタートするのである。

ところでワインにはもう一つのタイプがあった。そう、ロゼワインである。スティル・ワインの場合、赤ワインと白ワインをブレンドしたロゼワイン造りは御法度である（スパークリング・ワインはＯＫ）。それにロゼ色（？）のブドウを使うわけでもない。

こちらは赤ワイン造りと同様に皮ごと漬して仕込むのだが、「かもし」の時間を短くする。つまり早々に皮や種を引き上げてしまうのだ。また、黒ブドウと白ブドウを果実の段階でブレンドして搾り、黒ブドウの色も少し出たブドウジュースを造り、それを発酵させる方法もとられている。

「赤は常温」「白は冷やす」は常識か

バブル時代の超高級ワインブームやボージョレ・ヌーボーに狂奔した、ワインをめぐる上滑りな騒動は思い返しても恥ずかしい限りだ。しかしそんな時代を経て、リーズナブルなワインを気軽な酒場や家庭で楽しむ、ワインのある生活に慣れた人が増えてきたのも事実である。

そしてワインを楽しむにあたっての「お約束」も、半ば常識化してきた。その一つに、「赤ワインは室温で飲み、白ワインは冷やして飲む」というものがある。冷静に考えればヘンな話ではないか。赤ワインは室温でありさえすればどんな室温でもいいのか。だったらサウナ室で飲むときには、燗のついたような赤ワインを飲まなくてはならないのか――サウナでの飲酒は心臓に大変負担がかかり、死の恐れさえあります。絶対にこんなことはしないでください。

例えばフランスのレストランや、やんごとない家庭で供されるようなワインは、石造建築の低湿度の部屋に、貯蔵庫（セラー）から運ばれてくることだろう。赤ワインを楽しむべき「室温」とは、当然こうした室温を表しているのである。

夏期には高温多湿となる日本では、この「室温」は「適温」と訳して考えたほうが無難である。その目安としては、白ワインで六～一四度、赤だと一〇～一八度くらいだとされる。さらにいえば、ワインの赤白を問わず軽め（辛め）のものはよく冷やし、重め（甘め）のものはさほど冷やさなくてもよい。もっとぶっちゃけた話、安物はよく冷やし、高級品はあまり冷やさない。

とはいえワインに温度計を差し込んだテーブルの光景はあまりにも不粋である。また気軽に飲めるお値段のワインの温度管理に異様に神経をとがらせているのも滑稽極まりない。

ワインクーラー（氷水が入ったワイン用の容器）があれば、出したり入れたりすることで温度調節が可能だが、もちろん冷蔵庫で冷やしてもかまわない。ただし、ワイン専用ではない一般の冷蔵庫は乾燥しすぎるし温度も下がりすぎるので、ワインの保管には不適である。

そういえばワインの常識には「肉には赤」「魚には白」を合わせるというのもあった。こちらもいまでは守られることの少なくなったお約束である。「ナイフとフォークでご飯を食べるときには、フォークの背に載せて」くらいに珍妙な習慣だったともいえる。

食べ物とワインの赤白の組み合わせについては、その後「赤身には赤」「白身には白」なる説が主流となった時代もある。レアなステーキやマグロの赤身には赤ワイン、白身魚やラムなどには白がいいというわけだ。それがさらに現在では、どっしりとした食べ物、脂っこい食べ物には重いワイン、スッキリ軽めの食べ物には軽いワインというのがポピュラーな考え方になっている。

確実にいえること。ワインのお約束は、間違いなく規制緩和の方向にある。

ワインの「エチケット」について

ワインにはエチケットがつきものである。いや、飲み方のマナーとかそういうことを語ろうとしているのではない。ワインのボトルのラベルのことを「エチケット」というのである。

このエチケットこそワインの履歴書で、これを読み解けばそのワインの格付けから生産地や生産者、ブドウの収穫年であるヴィンテージや、場合によっては使われているブドウの種類までがわかるようになっている。

例えば、フランスのボルドーの中でも最高ランクの、オー・メドック地区に「シャトー・イザカヤ」という高級ワインがあったとしよう。そのラベルにはさまざまな情報が公開されているのだ。次ページ図版を参照してください。

逐一解説されればご理解いただけるだろう。とはいえこのエチケット、ワインの格や地域やヴィンテージに関する充分な知識がないと、たとえご当地の言語が理解できたとしても、読めただけでおしまいとなってしまう。

さらに素人目にはほとんど同じと見えるラベルが、あるシャトーのセカンドラベル（二級品ですね）だったり、またブルゴーニュ・ワインにはよくあることだが、大きな表記は同じだが手がけている業者が違ったりすると、値段も味もまるっきり違ってくるので要注意だ。

シャトーとはフランス語で城のことだが、ワインの世界でシャトーといえば、ブドウ畑を所有し収穫から生産までを行なうメーカーのこと。ボルドーでは原則として一つのシャトーがブドウ畑を所有しているので「シャトー○○」といえば、そのブランドただ一つである。日本酒の造り酒屋が、自醸酒専用の田んぼまで持っているようなものだと思えばいい。

【ボルドーワインのラベルの文字を上から読み解く】

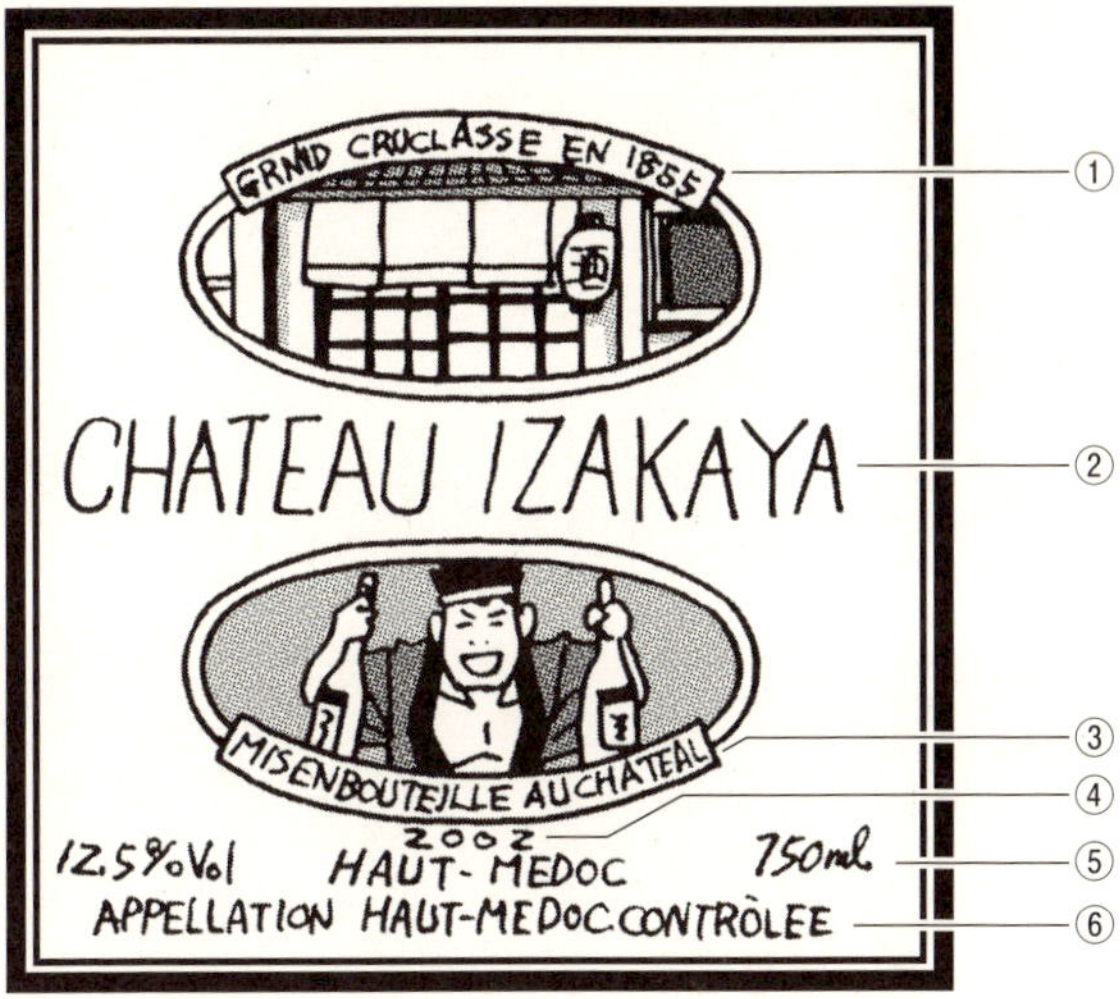

① 1855年に格付けされたオー・メドックの特級ワイン
② 銘柄は「シャトー・イザカヤ」である
③ シャトーで瓶詰めされたことがわかる
④ 2002年に収穫されたブドウで造られている
⑤ 左から、アルコール度数は12.5パーセント、オー・メドック地区、容量750ml
⑥ オー・メドック地区のAOCワインである

【フランスワインのヒエラルキー】

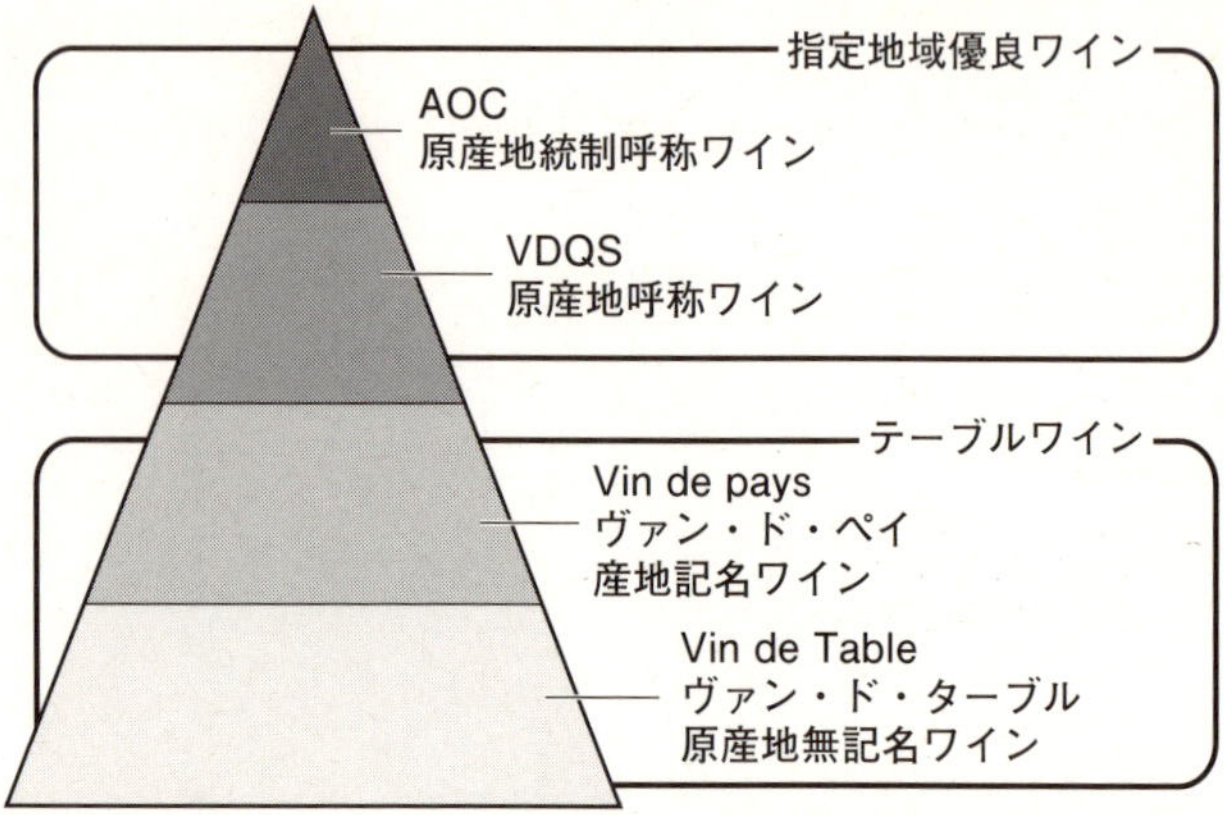

これがブルゴーニュでは事情が違い、同じ村の同じ畑でも所有関係が入り組んでいるため、一つのブドウ畑で複数のメーカーがワインを造っているのが実情である。この辺はブルゴーニュの項でもう少し詳しく述べる。

さて、フランスワインのヒエラルキーはAOCワインを頂点に、VDQSワイン→テーブルワインとリーズナブルになっていく。またテーブルワインにはヴァン・ド・ペイ→ヴァン・ド・ターブルとの流れがある。

AOCとは「原産地統制呼称」という意味で、ブドウの産地や製造方法まで、法律によって厳しく定められた条件を守らなければAOCワインを名乗ることはできない。それより条件がやや緩やかになったものがVDQSワインで、こちらを訳せば「原産地呼称ワイン」だ。

テーブルワインのうちヴァン・ド・ペイは産地が表記されているもの。ヴァン・ド・ターブルは産地の表示がなく、複数の産地のワインをブレンドしているものとなる。

いくらワインが大好きなフランス人でも、毎日AOCワインの最上級ボトルを開けるなんて人がそうそういるわけもない。また高級ワインはフランスにとって貴重な輸出品なのだ。フランスの普通の人々が日本円にしてボトル三〇〇〇円以上のワインを買うことなど極めて稀とのフランス在住日本人の報告もある。そしてエチケットを云々されるワインは、まずAOCクラスのワインであることは知っておきたい。

ちなみに原産地呼称はイタリアにもあり、フランスのAOCに相当する「統制保証原産地呼称」をDOCGという。

「長さ」でわかるワインの値段

「エチケット」を読み解くには相当なワインの知識が必要だ。またラベルのデザインがいかにも高そうなものが安ワインだったり、そっけないものがあっと驚く高級ワインだったりもする。だからエチケットの雰囲気で、高級かそうでないかをつかむこともまず不可能だ。

ところがだれでも何の努力もせず、ほぼ確実にワインの格と値段を知る画期的な方法がある。あるものの「長さ」で一目瞭然なのだ。それは「コルク」である。ワインの値段とコルクの長さ・質は比例する。コルクとその周辺にこそ、ワインの格を知る重要な手がかりがある。

いちばんお安い部類のワインのコルクの長さは——ゼロである。なぜなら金属のスクリューキャップが使われているからだ。開け方はペットボトルの飲料と基本的に変わらない。この手のものに「格付け」ワインは決してないので安心して気軽に飲みましょう。

コルクが使われているワインも、安いものだと長さはせいぜい三センチ台である。それが格と共にぐんぐんと伸び、長期間の熟成を要する高級ワイン、早い話がン万円以上のクラスになれば、五・五センチくらいにまでなっている。

また短いコルクはほとんどが、コルクのクズを集めて圧縮した人工のものである。表面はもちろん無地。それが長くなると共に、コルクの質も高くなってくる。最高クラスはもちろん柾目（?）もきれいな天然コルクで、そのワインの銘柄とブドウの収穫年（ヴィンテージ）までが印刷されていたりする。そのコルクだけで、金属キャップワインよりは高そうだ。

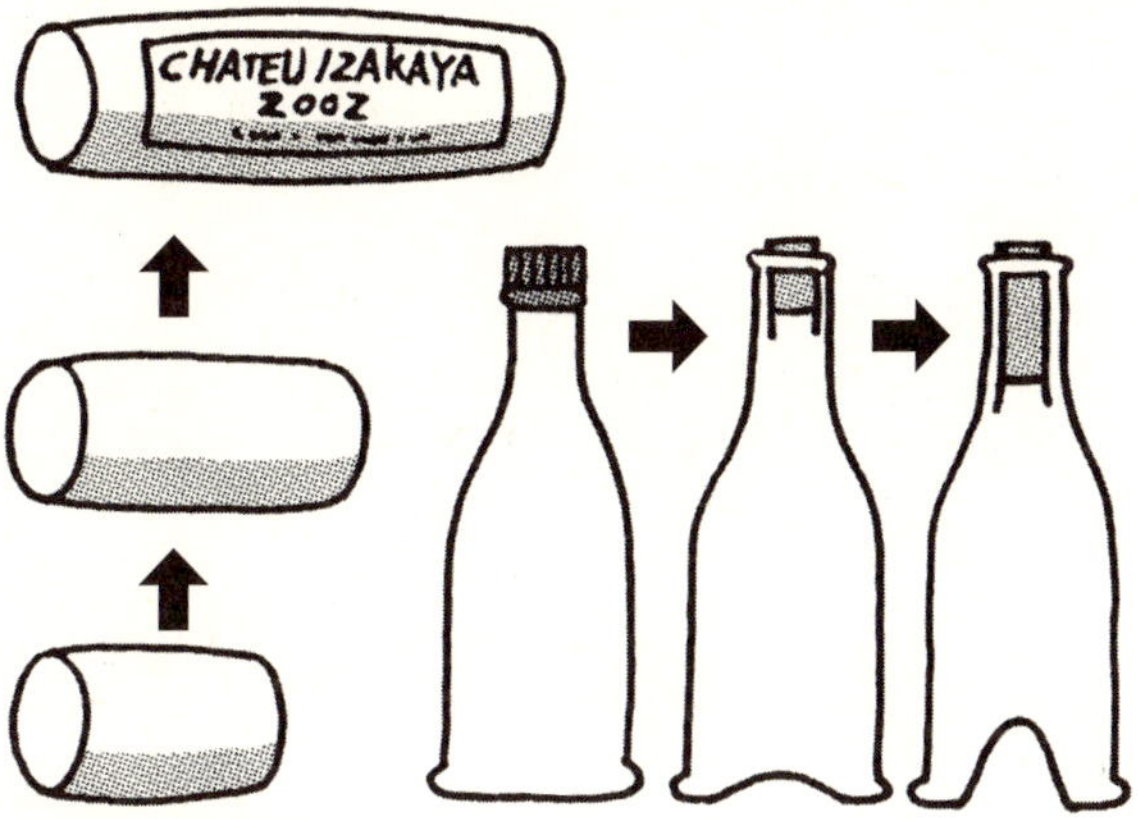

コルクと上げ底の相関関係・コルクは上に行くほど、ボトルは右に行くほど高級ワインになる

またコルクには寿命があり、それを過ぎると収縮してふたの役目を果たさなくなってしまう。とはいえ二〇年から三〇年は持つのだが、長期熟成される最高級ワインの場合は、劣化したコルクの隙間からワインが蒸発したり、酸化してしまうのを防ぐため、コルクだけを取り替える。これを「リコルク」という。

またコルクの長さと共に、ボトルの口の回りのキャップシールの質感も変わってくる。短いコルクのお供は、ペラペラのビニールや合成樹脂のキャップシールである。ご親切にもはがしやすいように切り取りの点線がついていたりする。

キャップシールも格が上がると次第に不親切になっていくのだ。四センチクラスのコルクのボトルだと、キャップシールも材質こそ金属箔に変わるものの、まだまだ親切に赤い開け口のテープが頭をのぞかせていたりする。この長さを過ぎると、キャップシールはようやく何も主張しなくなる。

長いコルクに寡黙《かもく》なキャップシール——これが高級ワインを見分けるコツである。

さらにもう一つのチェックポイントは、ワインボトルの「上げ底」加減である。ワインの値段が高くなればなるほど、ボトルの底の盛り上がりが大きくなってくる。キリキリとキャップを回して開けるタイプのワインだったら、上げ底自体がまず存在しない。

やはり高級ワインは、少しでも実入りを少なくしようと涙ぐましい努力しているのか。いやいや上げ底だろうとなかろうと、ワインの容量はミリリットル単位で定められているから関係ない。上げ底にはちゃんと意味があるのだ。

ボトルの底の突起があれば、長期保存で生じたワインの「澱《おり》」が、グラスに流れ出にくくなるのである。熟成に数年、場合によっては数十年もかかり、多量の澱を生じるのは間違いなく高級ワイン。安くなればなるほど、早めに飲んでしまうため、澱対策など不要というわけだ。

飲む前の「儀式」をどうクリアするか

ちょいと気のきいた店でワインを注文すると、ホスト・テイスティングをさせられることがある。その場のホストと見なされた人のグラスに、少量のワインが注がれるアレである。

いってみれば毒見のようなもの――いや、この習慣は本当に毒見から始まったのである。コルクの栓が発明される以前のワインは、ロウで封印されたり表面に油を浮かべてふたの代わりにされていたりした。最初の不純物まじりのワインは捨ててホストが味を確かめ、客に振る舞ったのである。

さらに戦争のあとの手打ちの宴会などの場合、毒見の意味合いはいっそう強くなる。権《けん》謀術数《ぼうじゅつすう》の渦巻く権力者同士の酒宴である。注がれるワインに毒が入っているのではと疑いたくなるのが人の常。そこでまず招いた側が飲んで、毒が入っていないことを証明してみせるわけだ。

平和な世の中のホスト・テイスティングでは、毒殺の心配はまずしなくてすむはずだ。もしあなたがホストと見なされたら、やるべき仕事は①オーダーと間違いないワインであることの確認②品質が劣化していないかどうかの確認の二点である。そのためには例によってワインに対する知識とエチケットの「解読能力」が必要だ。

そんな知識がなければばしたり顔でボトルを眺めた後、ワインの色や濁りの有無や香りのよし悪しをチェックしつつ、うなずきながらおもむろにグラスのワインを飲んでみる。

ここでワインがおかしければ店がワインを取り替えてくれる――はずである。しかしながら、そうなるケースはワインが明らかに劣化している場合でもなければ、素人が指摘できるようなものではない。なんとなくイメージと違ったとか、もっと美味しいと思ったとか、そんな曖昧な理由で交換を要求することは不可能なので念のため。

さらに、グラスの横には抜かれたコルクの栓が置かれている。「手に取ってにおいを嗅ぎ、ワインの品質を調べる」べしという説もあれば、「においを嗅ぐなんて下品だからそのままでよい」との説もある。ここでは警察犬のまねごとはやめ、コルクには触れないでおくことをお勧めする。

よく見るとコルクに黒いカビが生えていることも多い。しかし黒カビは、コルク全体にびっしり生えていたりすれば問題だが、口のほうにあるのはむしろ適度な湿度をもって保管された証拠で、悪いこととはされない。ボトルの口をぬぐっておしまいである。

ワイングラスをグルグル回す効果

ホスト・テイスティングに問題がなければ、いよいよ全員にワインが注ぎ分けられて飲みはじめることになる。ちなみにホスト・テイスティングは、最初に未開封のボトルを客にチェックさせ、客の目の前でオープンするのが本当のスタイルだ。

それが若干半端な店になると、開けたボトルを持ってきてからテイスティングのスタートとなり、さらにカジュアルになると、開けたボトルをテーブルの上に無造作に置いておしまいである。

店の格はともあれ、ワイン好きを自認する人間が集まると、ここで不思議な儀式が一斉に始まる。みんながワイングラスを手首で揺すり、中のワインをグルグルと回しはじめるのである。グラスをテーブルに置いたまま回す人も、手に持って回す人もいるが、一心不乱に回る液体を眺めている様は異様ですらある。

もちろんこの行為にはちゃんと意味がある。ワインが動き、活発に空気と触れ合うことで酸化が進み、よりこなれた味になるのだ。ボトルのワインをガラスの容器（デキャンター）に移すデキャンティングと同様のことをグラスの中で行なっているわけだ。

必死でグラスを回す紳士淑女

パリに本店があり、東京にも支店を持つ某超高級レストランの総支配人は、東京店で盛んな「ワイングルグル」が本店でも行なわれているかどうかを問われ、苦笑しながらこう答えた。「パリにはそういう習慣をお持ちになるお客様はあまりいらっしゃらないようです」。

ワインの味を利くためには確かに有効なワイン回しだが、これは高級な割烹や寿司店のカウンターで、客が日本酒をズルズルと音をたてて吸い込みながら利酒をしているようなもの。異様といえば異様である。そう考えるとレストランでの回しすぎには注意したい。

また、洋風居酒屋でワインの給仕までしてくれるところはまずないから、当然自分たちで注ぐことになるのだが、そういう場合の欧米でのお約束ごと・マナーは「女性にはワインを注がせない」ということ。男女のカップルやグループであれば、ワインは当然男性がサーブするものなのである。

世界の頂点に君臨するワイン

さて、そろそろフランスを代表する、いや世界最高の権威と格を持つ、ボルドーやブルゴーニュのワインの銘柄にも触れておこう。名前くらいは耳にしたことがありそうな超高級ワインについてだ。

ところで、「世界最高の権威と格」という言葉には、威圧感と共にどこか胡散臭《うさん》さやイヤラシさもつきまとう。水戸黄門の印籠《いんろう》シーンに反発を感じる少数派だっているのである。フランスのワインが世界に冠たる存在となっているのは、もちろんいろんな権威付けがなされているからだ。そしてワインファンの中には、有名フレンチワインの真の実力は、名前ほどではないと考える人々もいる。

そういう事情や意見があることはお断りしたうえで断言しよう。ボルドーワインの中でも別格の存在とされるのが、一八五五年の「メドックの格付け」で第一級に認定されたいわゆる「五大シャトー」である。厳密には四大シャトーと、後の一九七三年に第二級から格上げされたもう一つだ。

なぜ約一五〇年も前にそんなワインの格付けが行なわれたのかというと、この年に行なわれたパリ万博にやってくる観光客のために、当時の値段や評価を元にしたワインのリストを作ることにしたからである。担当したのはボルドー市の商工会議所。メドック地区から六一のシャトーが選ばれ、それが第一級から第五級までに分類された。

なお、ボルドーではソーテルヌ、グラーヴ、サンテミリオンの各地区でも格付けが行なわれている。格付けされた銘柄は「グラン・クリュ（Grand Cru）」を名乗ることができる。ただし各地区の格付けは、その地区の内部で完結している。ソーテルヌの第一級が、サンテミリオンの特別級に相当するとか、そういう相互関係にはない。

元をただせば観光客に向けてのお手軽なワインのガイド。いわば「佐野ラーメンマップ」みたいな存在（？）だったはずの「メドックの格付け」だが、その権威は時代を経るごとに増大し、絶対的なものとなっていったのである。

ただし「メドックの格付け」には、その絶対的な権威に対する批判も根強い。最高級の第一級はともかく、中堅以下の格付けワインには、現在に至るまでに味を落としているものも少なくはなく、格が実力の反映となってはいないという批判である。

さて、もったいぶらずにメドックの格付け第一級の五大シャトーの名を挙げれば「シャトー・ラフィット・ロートシルト」「シャトー・マルゴー」「シャトー・ラトゥール」「シャトー・オー・ブリオン」そして「シャトー・ムートン・ロートシルト」である。

最後に挙げた「ムートン・ロートシルト」は、格付け当初は第二級の筆頭格だったものが、一〇〇年以上経った一九七三年の格付け見直しで空前絶後、ただ一社だけ第一級に格上げされたシャトーである。

最高級ワインに二つの「ロートシルト」

ボルドーの五大シャトーには「ロートシルト」と名のつくものが二つある。もちろん「シャトー・ラフィット・ロートシルト」と「シャトー・ムートン・ロートシルト」だ。両者には何か関係があるのだろうか。ちなみにどちらもメドック地区ポイヤック村の産である。

実はロートシルトとは人名である。これはフランス読みだが、英語読みにすると「ロスチャイルド」となる。そう、ユダヤ系金融の大財閥として有名な、あのロスチャイルド家のことなのだ。

創始者であるマイヤー・A・ロスチャイルドは、五人の息子たちと共にロスチャイルド財閥を育てたのだが、一八五三年に三男のネイサンが「ムートン」を買い取った。そしてムートンに隣接する「ラフィット」は、五男のジェームスが一八六八年に所有することになった。お金持ちがワインをコレクション――いかにもありがちな話だが、富豪もケタ違いのクラスになるとシャトーごと所有してしまう。豪気な話ではある。

ちなみにラフィットは、メドックの格付け第一級の筆頭。文字どおり世界最高のワインとされていた。兄貴には負けられないという思いが、ジェームスにより格上のシャトー購入を思い立たせたのだろうか。

それに反発したわけでもあるまいが、一八五五年以来の格付け第二級の座に満足することのなかったムートンは、ラベルに「われ第一級にあらず、されど第二級たるを潔しとせず。われムートンなり」と、その心意気を表していた。宿願がかなって奇跡ともいえる格上げがなされた後には、もちろんラベルの文句も変わっている。「われ第一級なり。かつては第二級なりき。されどムートンは変わらず」。心憎いセリフである。

またムートン・ロートシルトは、毎年有名な画家がラベルの絵を手がけることで知られている。ピカソやシャガール、ミロにウォーホルといった巨匠の作品が並ぶため、コレクターアイテムとしても人気が高い。ちなみに画家への謝礼は、現金ではなくムートン・ロートシルトの現物支給だという。

腐ったブドウ（？）で最高の白ワイン

ボルドーワインといえばイメージとしては赤一色。それもフルボディ（コクがありどっしりとしたタイプ）だろう。最高峰に位置する五大シャトーはもちろん、優れたボルドーの赤を表すときによく使われる表現に「ビロードのような舌触り」というのがある。そういったワインを口にすれば納得の名表現だ。

そもそもワイン好き、ワイン通には圧倒的に赤ワインびいきが多い。タンニンの渋味と時を超えた熟成で醸し出された深みが、人をワインの迷宮に引きずり込んでしまうのだろう。

ところが、フルボディ赤ワインの総本山・ボルドーにあって、権威も格も知名度も、そして値段も、世界最高と評価される白ワインがある。それがソーテルヌ地区の「シャトー・ディケム」だ。赤ワインに比べると短命、つまり長期の熟成には向かず、早飲みされる白ワインとしては例外的に、一〇年を超えてなお風味を増すという白ワインの王である。

ソーテルヌ地区でも一八五五年に銘柄の格付けが行なわれている（メドックのそれとは

別の基準、この地区で独立した評価である)。そのときに唯一、特別一級に格付けされたのが、このシャトー・ディケムなのである。

その味わいは極甘口。デザートワインとして、食後に小さなグラスで供せられるのが普通である。それほどの甘味をたたえたワインが生まれた秘密は、それが「貴腐ブドウ」から造られているところにある。

貴腐ブドウとは、表面に貴腐菌(ボトリシス・シネレア)が繁殖したブドウのこと。この菌はブドウの皮を溶かすため、そこから果実の水分が蒸発して濃厚な糖分が多く残ることになる。半干しブドウのような状態だ。しかしこれ、見た目は相当にグロテスクである。実際、貴腐ブドウが初めて発見された頃には、ブドウがカビに冒されて腐った状態としか見なされていなかったのだ。

それでも捨ててしまうのはもったいないと思った人間が、恐る恐る仕込んだところ、思いもかけず甘く高貴な白ワインが誕生した。これぞ貴腐ワインなりというのが、このタイプの誕生物語である。初めてナマコを食べた人、みたいな感じだったのだろう。

貴腐ワインが極甘口に仕上がった理由は、もちろん水分が蒸発した貴腐ブドウの中の濃縮された糖分を、アルコール発酵のときにも酵母が消費しきれず、できあがったワインに多量に残ったからである。

シャトー・ディケムともなると「一本のブドウの樹からグラス一杯分しか造れない」といわれるほどの貴重品である。そして偉大なシャトー・ディケムは「世界三大貴腐ワイン」の一つ。残る二つもこれまた有名な、ハンガリーの「トカイ・アスー」とドイツの「トロッケンベーレン・アウスレーゼ」だ。

ブルゴーニュといえば、やっぱりあのワイン

さて、今度はボルドーと並ぶ世界最高のワイン生産地、ブルゴーニュの名酒について。「銀座で飲むと一本一〇〇万円以上する」例のワインである。世界最高の赤ワインとして、口にしたことすらない人間までがイメージを刷り込まれている「ロマネ・コンティ」だ。

ものの値段が高騰するのは、需要が多く供給が少ないからである。実はボルドーの五大シャトーは規模が大きく、年間に二万五〇〇〇ケース以上生産しているところが多い。一ケースは一二本入りだから三〇万本以上だ。

これに対してブルゴーニュのワイン製造者は小規模業者の集合体といった趣がある。そして世界に冠たるロマネ・コンティの生産高は、おおむね年産七〇〇〇本程度でしかない

のだ。またその畑の面積は一万八〇〇〇平方メートルほどだというから、サッカー場を二面も取ればいっぱいだ。

これだけ少数のボトルを求めて、世界中から金に糸目をつけない人々が群がってくるのだから、価格は高騰するばかり。ちなみに某輸入代理店の価格を見ると、九〇年ものが一八九万円也。べらぼうである。もっとも、日本価格は世界でも飛び抜けて高いと評判だ。バブル期の絵画購入ブームの構図が、ワインに縮小再生産されているようなものだろう。

ところで「ロマネ・コンティ」とは、畑の名前である。畑の格はもちろん「特級」だ。そしてこの畑を所有し、この銘柄を造っているのはドメーヌ・ド・ラ・ロマネ・コンティ社ただ一社。だからロマネ・コンティといえばこのロマネ・コンティ以外は存在しない。そんなの当たり前じゃないかですって。いやいや、ブルゴーニュ・ワインの世界では、これはむしろ例外的な存在なのだ。

ロマネ・コンティの場合は会社の規模が小さいだけで、畑と生産者の関係というか成り立ちはボルドーのシャトーと同じである。だから混乱もない。ちなみにドメーヌ・ド・ラ・ロマネ・コンティ社は隣接する「ラ・ターシュ」という畑も単独で所有しており、やはり同名の高級ワインも製造している。

そして世界の名酒のおかげで美味しい思いをしている（？）のが、ロマネ・コンティの西と北に隣接する「ラ・ロマネ」と「リシュブール」だろう。それぞれ別会社の所有だが、「ロマネ・コンティ」には手が出ないけど、お隣ならきっと似た味だろう」とばかりに、高級ワインとしての評価を得ているのだ。

ブルゴーニュ・ワインの名前は畑の名前。まずこれを覚えておきましょう。

超有名辛口ワインの複雑なお家の事情

ブルゴーニュのあまりにも有名な辛口タイプの白ワインはなんでしょう。フランスの白ワインで知ってる名前を挙げていけばすぐに出てくるはず。はい、もちろん「シャブリ」ですね。このシャブリのお家事情（？）を知れば、ブルゴーニュ・ワインの世界がよりよく見えてくる。

宅配便でいただきもの。包みをほどいて箱を開けると、中には白ワインが鎮座し、ラベルに「Chablis」の文字が。これがあの有名なシャブリかと感激もひとしおである。もっとも、シャブリは最高級品でも一万円を超えるものはあまりなく、ムチャクチャに高いクラスのワインではない。

そしてブルゴーニュ・ワインの例に洩れず、「シャブリ」というのはもちろん畑の名前である。エチケットが「ブルゴーニュ地方はシャブリ地区の畑でとれたブドウで造ったワインですよ」と語っているわけだ。

そしてシャブリの畑は二五〇〇万平方メートルと、あのロマネ・コンティに比べれば一四〇〇倍もの広さを持っている。そのため同じシャブリの畑が、場所によって特級・一級・並級と三ランクに評価されている。

さらにそれに応じて、生産されるシャブリのAOCにも格があって、上から「シャブリ・グラン・クリュ」「シャブリ・プルミエ・クリュ」「シャブリ」「プチ・シャブリ」と、四段階に分けられる。つまりいただきものは下から二番目のクラスの「シャブリ」だったわけである。

そのうえまださらに、シャブリの各クラスの畑の所有者は、ボルドーのシャトーや、ブルゴーニュでは例外的なロマネ・コンティのように単独ではない。というより持ち主がウヨウヨいて、畑の所有関係は極めて複雑に入り組んでいるのだ。新宿歌舞伎町の雑居ビルにおける、その筋の縄張りのような状態である。

当然ながら、畑は同じシャブリでも生産者が違えばできたワインの味も違う。だから、「シャブリ・グラン・クリュが美味しい」というだけではほとんど意味をなさない評価になってしまう。どの生産者の造った、何年もののシャブリ・グラン・クリュが素晴らしいといえてこそ、初めてそのシャブリを語ったことになるのである。

ブルゴーニュの場合「シャンベルタン」など他の地区でも事情は同様だ。「畑の名前＝銘柄」であり、相対的な味の傾向はあるにせよ、零細でかつ多数の生産者の名前と実力を知らなければ、ブルゴーニュ・ワインを語ることはできない。いや、語らなくてもいいのだが。そのあたりがシャトーをつかめばＯＫ（？）のボルドーと比べると対照的で、ブルゴーニュ・ワインは難しいとされる理由もそこにある。いずれにせよやっかいな地区である。

ちなみにイタリアの「キャンティ」「バローロ」「ブルネッロ・ディ・モンタルチーノ」などの有名ワインも、メーカーまで把握してナンボという事情は、ブルゴーニュと同様である。

格付けでは番外「ポムロール」の奇跡

フランスワインの格付け、特にボルドーの「メドックの格付け」には根強い批判ももちろんある。一〇〇年以上昔に定められた格付けが、現在の醸造者の実力を正確に反映していないケースが少なくないという、しごくまっとうな批判である。それでもフランスワインは伝統、あるいは因習に堕した格付けに縛られ続けていくのだろうか。

いや実はフレンチドリーム（?）ともいうべきワインもボルドーにはある。「信者」と呼べるほどの熱狂的ファンを持つ、格付けなしのワインである。それが現在ボルドーでもっとも高価なワインといわれる、ポムロール地区の「シャトー・ペトリュス」だ。年間生産量は約四万八〇〇〇本。

このワインが不動の評価を得るようになったのは、もちろん格付けワインをしのぐ味の実力もさることながら、巧みな営業も功を奏したからである。それはアメリカのお金持ちに対するイメージ戦略だった。

天才的なネゴシエーター（ワイン商）だったジャンピエール・ムエックスは、格付けのないポムロール村の自信作ペトリュスの販路を、ヨーロッパではなくアメリカのニューヨークに求めたのである。第二次世界大戦後のかの地の超高級レストランへの売り込みに成功したペトリュスは、この店の常連から評価を得て、次第に名声を高めていく。ちなみにその常連とは、J・F・ケネディやウインザー公といった超VIPたちだった。

評判がヨーロッパに逆輸入されるかたちで、ペトリュスはフランス国内でも「幻のワイン」的存在となり、一九七〇年代には五大シャトーを凌駕《りようが》する名声を獲得することになっていった。メドックの格付けを打破する——これはフランスではまさしく奇跡と呼ぶほかない出来事だった。

そしてペトリュスに続いて第二の奇跡を起こし、わずか二〇年あまりでフランスワインの頂点に駆け上ったのが「シャトー・ル・パン」である。こちらもポムロールの産で、年産は七〇〇〇本とロマネ・コンティなみの稀少さ。実際、プロでも目にすることすら難しいという幻のワインだ。

こちらは戦後すぐにポムロールの荒れ果てた土地に移住してきた、ベルギー人のジョルジュ・ティエポンが、三〇年以上の年月をかけて土地を改良し、ようやく一九七九年からワインの生産を始めた。奇跡はあっという間に起きたようでも、それ以前に膨大なコストをかけてのチャレンジだったのだ。

ぶどうの品種でワインのクセを知る

日本酒の仕込みに使われるのは「山田錦」「五百万石」といった酒造好適米で、これは炊いて食べても美味くはない、酒を造るための米。ワインを仕込むブドウもまさしく同様で、生食用とは異なる醸造用の品種である。

だからワイン用のブドウは生で食べても美味くはない——というのが一般論なのだが、例えばジャーナリストの立花隆氏は、実際にロマネ・コンティの畑に足を運んでなっているブドウを試食（?）し、美味さを絶賛したことがある。「美味いワインのブドウは生で食べても美味い」。立花氏以外にも他の名ワインの畑で同様の行為を行なった人間はおおむねそう評価しているから、ワイン用ブドウは生だと不味いというのは盗み食いを防ぐための方便だろうか。

日本では栽培されるブドウの九〇パーセント以上が生食用だが、世界全体を見れば約八〇パーセントがワイン用である。ワインは日本酒やビールとは違い、仕込みに水を使わない酒だ。ブドウを搾り、そこに酵母がくっつけばそのままワインになるという、仕組みとしてはこれ以上ないくらいシンプルな酒なのだ。

ワイン造りに使われるブドウは一〇〇種類ほどあるが、覚えておくと重宝な「有名どころ」は、以下のようなものである。

【赤ワイン用】

カベルネ・ソービニヨン——ボルドーの名だたるワインの主原料。カリフォルニアやチリなどでも赤ワインの主流。タンニンが豊かでどっしりとした味わい。

ピノ・ノワール――ブルゴーニュといえばこのブドウ。もちろん「ロマネ・コンティ」もピノ・ノワールで造られている。カベルネ・ソービニヨンに比べると、色は薄く味わいも軽やか。香りに定評がある。

メルロー――ボルドーの一部地域でよく用いられる。まろやかな味わい。ポムロールの奇跡の名酒、シャトー・ペトリュスやシャトー・ル・パンの主原料。

ガメイ――ブルゴーニュのボージョレ地区でよく使われる。軽やかさが身上。もちろんボージョレ・ヌーボーもこのブドウから造られている。

シラー――フランスのコート・デュ・ローヌ地方でよく使われている。しっかりとした力強いワインができる。

【白ワイン用】

シャルドネ――香りが豊かで酸味の効いた、辛口でしっかりとした味。ブルゴーニュのシャブリはシャルドネで造られるワインの代表格。

セミヨン――甘口にも辛口にもなる。ボルドーのソーテルヌ地区のシャトー・ディケムは、貴腐ブドウになったセミヨンで造られる。

リースリング――ドイツのライン、モーゼルで使われる、ドイツを代表する銘柄。果実味のある豊かな香りが特徴。

いちいち覚えてはいられないけど、ワイン知らずだと思われたくなければただ一つ、カベルネ・ソービニヨンの名前だけ覚えておこう。「いやあ、月並みですけど、やっぱりカベルネ・ソービニヨンが好きで」と語れば、なかなかワインを知っている人間だと思ってもらえる……はずだ。

値段のわりに味がいいと評判のチリワインはもはや洋風居酒屋の定番だが、人気はやはりカベルネ・ソービニヨンを使った赤。いわゆる「チリカベ」である。なお、チリやアメリカ（カリフォルニア）やアルゼンチンや南アフリカなどのワインには、ラベルの中央にブドウの品種名がデカデカと書かれているものも少なくない。

それをメーカーやブランドの名前と勘違いして「いや、チリにあるメルローって会社のワインが美味くてさあ」などと堂々と語る人がいる。それどころか「カベルネ・ソービニヨン（チリ）ボトル○○円」などと壁に貼り出している店まである。ブドウの品種の名前が頭に入っていれば、そんな微笑ましい（？）混同はしなくてすむだろう。

ちなみにフランスワインのボトルには、畑の名前は入っていてもブドウの品種までは書かれていないのが普通である。

「新世界」に形なしだった「王国」のワイン

世界一のワイン王国はフランス――衆目の一致するところだろう。ではフランスワインの何が世界一なのか。それは生産量でしょうって。大差こそないが、世界一ワインを生産しているのはイタリアである。

それなら一人当たりのワイン消費量はフランスが世界一なのでは。フランス人の年間ワイン消費量は約六〇リットル、ボトルにして八〇本。これは老若男女あわせての平均だからものすごい数字だ。でも、こちらも世界第二位である。世界一のワイン飲み国民は、フランスの隣の小さな国・ルクセンブルクなのだった。

フランスワインが世界一なのは、その輸出額と「格」である。フランスワインは伝統と格式を誇る世界最高品質のワイン。「メドックの格付け」に裏打ちされた五大ワインも、世界一高価なロマネ・コンティも、マニアが血眼になって捜し求めるシャトー・ペトリュスもシャトー・ル・パンも、すべてフランスワインである。

ところが一九七六年にワイン王国の自信と権威を揺るがす大事件が起こった。「アカデミー・デュ・ヴァァン」というワイン学校を七三年にパリで開校したイギリス人、スティーブン・スパリュアが、「比較試飲法」によるワインのテイスティングをパリのインターコンチネンタルホテルで行なったのである。ちなみにアカデミー・デュ・ヴァンは、八七年には日本校も開設されている。

同校オリジナルのカリキュラムであるこの比較試飲法とは、早い話が目隠しテスト。銘柄などの情報をすべて伏せた状態で複数のワインを同時に鑑定するという、まったくもって利酒の理にかなった方法である。逆にいえば人間の感覚だけを頼りにワインの質を問うテストであり、「格」や「顔」は通用しない冷徹かつ残酷な試験方法でもある。

そして七六年のテイスティングに出品されたのは、フランスとアメリカを代表するワイン。九人の審査員はすべてフランスのワインの権威で、三つ星レストラン「トゥール・ダルジャン」のオーナーや、ロマネ・コンティ社の社長、原産地呼称（ＡＯＣ）委員会の委員長などまさにそうそうたる顔ぶれである。

出品されたフランス代表ワインも、赤には五大シャトーの「シャトー・ムートン・ロートシルト」、白にはブルゴーニュきっての高級ワインである「バタール・モンラッシェ」といった、まさにフランスの顔役が揃っていた。

そして結果は……赤白ともにトップは、当時のフランス人にはまったく無名のカリフォルニアワイン。フランスの大惨敗という結果に終わってしまったのである。審査員の顔ぶれからして、カリフォルニアびいきになることは絶対にあり得ない。ワインのプロ中のプロが自分の舌だけで評価したのは、値段にして数分の一にすぎない「場末の安ワイン」だったのだ。

オープナーなしでワインを開ける方法

ワインをめぐる恐ろしい話（？）をいくつか。ワインには硫酸の入ったものまであるらしい。しかもその事実がボトルの背面のラベルに堂々と表記されているのだという。

半信半疑のままあるワインを手に取ってみると、確かに「硫酸」の文字が飛び込んできた。が、よく見るとそれは「亜硫酸」であり、さらに「（酸化防止剤）」とされている。

亜硫酸には雑菌の繁殖やワインが酸化するのを抑える効果があるため、添加物としての使用が認められている。しかし雑菌を抑える物質は人体に悪影響はないのだろうか。残念ながら、もちろん人間にとっても毒性がある。そのため使用量は制限されているが、ではワインを大量に飲む人はどうなるのだろう。

亜硫酸の毒性が気になる人には、無農薬有機栽培のブドウだけを使用し、添加物も一切使用しないオーガニックワインもあるから、そちらの飲用をお勧めしたい。いずれにせよ

ちぎれたコルクは発想を変えて、箸やフォークの柄などで押し込んでしまう

飲みすぎれば身体にはよくないと思うが。

また、ワインを開けている最中にコルクが折れた恐怖（?）を経験したことはないだろうか。ワインオープナーのねじ込み方が不足していて、途中でちぎれてしまったコルクほど始末の悪いものはない。深いところで切れていたりするとスクリューが引っかかってくれず、開けることは絶望的になる。

だがこんなときの裏技もちゃんとある。実にシンプル、引いてもダメなら押してみな、である。ワインオープナーがないときも同様で、キャップシールをきれいにはがし、ボトルの口の周辺をよく拭いて汚れやカビを落としてからひたすら押し込む。スマートではないが安全な飲み方だ。

まだまだある世界の酒

僧侶が造ったお酒・シャンパン

乾杯をするのに最高の酒はなんといってもシャンパンである。質のよいものになると細かな泡がいつまでもグラスの中を立ちのぼり、ロマンチックなことこのうえない。デートの気分を盛り上げてくれる酒でもある。

ではあるシャンパンの中で、どこの国のものがベストと評価されているのだろうか。この本をここまで読んでこられた方には、もうこんなヒッカケ問題は通用しませんね。産地呼称に厳しいのはヨーロッパの酒の常。シャンパンはフランスのシャンパーニュ地方で、定められた製法に従って造られたものにだけ許された呼び名である。

シャンパンのように炭酸が泡立つワインの総称はスパークリング・ワイン。フランスで造られていても、シャンパーニュ以外のものは「ヴァン・ムスー」といわれる。ヴァンはワインで、ムスーとは英語のムースつまり泡のこと。各国の呼び名は、イタリア＝スプマンテ、ドイツ＝ゼクト、スペイン＝エスプモーソなどだ。

ところでシャンパン（スパークリング・ワイン）はなぜ泡立つのだろう。これもビールの項目をお読みになっていればおわかりだろう。ビールが泡立つのと理屈は同じで、密閉した中でアルコールを発酵させるからだ。

ただしシャンパンの特徴は、密閉した瓶の中で発酵させるところにある。まず造るのは普通の白ワインだ。そのワインをブレンドして瓶詰めにして、そこに砂糖と酵母を加えて密閉し、二次発酵をさせるのである。

そのまま倉庫に数年貯蔵した後、栓をいったん外して二次発酵でできた澱《おり》を取り除き、目減りした分だけリキュールを足して栓をし直す。このリキュールの量と甘さで、できあがりのシャンパンの甘さも決まってくる。

こうした独自の製法を編み出し、さらにシャンパンの栓が飛ばないように針金で口を縛る方法を発案するなど、シャンパンの製法が確立したのは一七世紀後半のこと。そしてそれを考案した「シャンパンの生みの親」は、ある修道院の僧侶だった。

その修道僧の名前はドン・ペリニヨン。まさか彼も、三〇〇年以上も後世の極東の島国の盛り場で、自分の名前が縮められて「ドンペリ」と呼ばれるなどとは想像もしなかったことだろう。当たり前だ。いま頃はニコニコしながら天国から見ているのだろうか。

シャンパンは単年に収穫されたブドウで仕込まれるワインとは違って、できた年の異なる白ワインを何種類かブレンドするのが一般的だから、ラベルに年号は書かれていないことが多い。

もしラベルに「一九八六年」などとわざわざ書かれていたとしたら、それはできがよかった年のブドウだけで仕込んだシャンパンの証。シャンパンの場合は年号がついているだけでヴィンテージものである。

どうして「雄鶏の尾」が飲み物なのか

ムード満点の大人のお酒、カクテルは、ベースになる酒に異なる酒や果汁などをミックスした混成酒である。カクテルが誕生したのは一八世紀のアメリカで、以来この酒はアメリカと共に発展を遂げてきた。

ところでカクテルは、酒のファンからも毀誉褒貶《きよほうへん》のはなはだしい飲み物だ。これぞ大人の酒、バーテンダーの想像力と創造力の産物と称賛する声もあれば、単独では飲むに値しない不味い酒を飲むためのごまかしにすぎないと、アメリカ文化と共に嫌悪する者もい

これぞカクテル!?

る。

好みや評価はどうぞお好きにとしかいいようがないが、不思議なのは決して長い歴史を持つわけでもないこの酒が、なぜカクテルと呼ばれるようになったかが判然としないことだ。カクテル（cocktail）とは直訳すれば「雄鶏の尾」だが、なぜそう呼ばれるようになったのだろうか。カクテルの語源にはいくつもの説がある。逆にいえば定説はいまだに存在しないのだ。

まず、「軍鶏《しゃも》をつかまえた褒美に造った酒」という説。一八世紀末のアメリカの田舎町のホテルでの出来事が元になっている。あるとき、主人が大切にしていた雄の軍鶏が逃げ出した。すると主人は何を思ったか「軍鶏を見つけた者に、自分の娘を嫁にやる」と、ムチャなことを言い出した。そんなことを知ってか知らずか、美しい尾を持ったその軍鶏を見つけたのは若くてハンサムな軍人だった。

現れたのがいい男だったため娘も大喜びで縁談が進み、その結婚パーティーでいろいろな酒を混ぜて飲んだところ美味だと評判だったことから、きっかけとなった軍鶏の美しい尻尾にちなんで、その新しい飲み物を鶏の尾＝カクテルと呼ぶようになったという。これが有力説なのだというが、「なんでやねん！」とツッコミを入れたくなるような珍説である。

次いで「メキシコの少年の勘違い」説。メキシコの港町でイギリスの船員がバーに入ると、少年が奇妙な形の木の枝でミックスした酒の入ったグラスをかき回していた。物珍しがった船員がその飲み物の名前を尋ねたところ、少年は自分が持っている棒のことを聞かれたのだと思い、それが鶏の尻尾のような形をしていたので、シャレのつもりで「コック・テールだよ」と答えた。それが起源となって、ミックスした酒をそう呼ぶようになったという。

オーストラリアで先住民が飛び跳ねる動物の名前を聞かれ、彼らの言葉で「わからない」と答えたところ、その言葉「カンガルー」がその動物の名前になってしまった……その逸話のパクリのようなエピソードである。

さらに、こちらは年代も具体的だが、一七九三年にニューオリンズで薬局を開いた男が、ビターとコニャックを「コクティニ」(フランス語でエッグスタンド)で混ぜて売っていたため、混ぜた酒のことをコクティニといい、それがなまってカクテルに変化していったという説も。

また時代と場所は少々離れ、古代のメキシコの女王「コキテル」が、兵士を労うためにミックスした酒を振る舞ったことから、彼女の名前がその酒の語源になったという説もある。

これほどポピュラーで、しかも比較的新しい酒なのに、カクテル発祥の由来がここまで曖昧なのは不思議としかいいようがない。

カクテル、ショートとロングの違いは?

カクテルにはショートカクテルとロングカクテルの二種類がある。いったいどんな長短があるのだろうか。実はこれ、飲むのにかける時間が短いか長いかの違いである。短時間で飲むことを前提としたのがショートカクテルで、反対に長い時間をかけて飲むのがロングカクテルなのだ。

もっと簡単に見分ける方法は、出されるグラスが長いか短いか。ショートカクテルは、よく円錐形で脚のついたカクテルグラスで供されるし、ロングカクテルは細長い円筒のタンブラーで出されることが多いからだ。そのためグラスの長さがショートとロングの違いだと誤解している人も少なくない。

ショートカクテルは原則として度数が高くて量は少ない。また逆にロングカクテルは、低い度数で分量が増える。そうなると時間が経つにつれお酒の温度が上がってしまうので、あらかじめグラスに氷が入っていることが多い。時の経過と共に薄くなってしまうのはかまわないのか、少々気にはなるのだが。

甘くないショートカクテルは食前酒に最適だ。ディナーの前にウェイティングバーで二〜三杯引っかけてというのもワイルドでいい。だが、このタイプにはアルコール度数が三〇度を超えるものも珍しくないから、例のアルコール分解酵素が欠けた日本人が欧米映画の主人公気分ですきっ腹に強いカクテルを流し込むと、食事の前にすっかり酩酊ということにもなりかねない。ご用心を。

飲み方の前提がそういうことになっているから、ショートカクテルをテーブルに置いたまま延々と話に興ずるのも、ロングカクテルを一気飲みするのも不粋である。基本のお約束としてわきまえておきたい。

極めつけの一杯はカクテルの王様

もはやそれをカクテルだと意識している人も少ないと思うが、日本の居酒屋ではジャパニーズ・ロングカクテル（?）がすっかり定着している。もちろんチューハイやサワーのことである。カクテルというとしゃれたバーのカウンターで飲むちょっと気取った飲み物というイメージがあるが、作り方を見ればサワーやチューハイは焼酎をベースとした紛れもないカクテルだ。

それにウォッカのオレンジジュース割りである「スクリュードライバー」などは、イランの油田で働いていたアメリカ人技師が暑さをしのぐための冷たい飲み物として思いついたもので、マドラー代わりに腰にぶら下げていたドライバーでかき回したところからその名がついている。サワーよりずっとワイルドな生い立ちのカクテルも少なくはない。

そもそも新しいカクテルは、常に酒飲みやバーテンダーの想像力と好奇心の産物である——というと聞こえがいいが、思いつきから生まれたものがほとんどだ。だからまっとうなバーテンダーのいるバーであれば、カクテルに関する半端な知識ならないほうがましである。

そのときの気分や味の好み（フルーツがいいとか、甘くないものをとか）や度数の強弱などの情報を伝え、そのやりとりからその場に相応《ふさわ》しいカクテルを出してもらう。こちらのほうがよほどデキる客に見られるはずだ。

自由に楽しめばいいカクテルだが、極めつけの一杯となれば、多くの人が挙げるのは「マティーニ」それも「ドライマティーニ」だろう。マティーニはカクテルの王様、キング・オブ・カクテルといわれている。文豪にして美食家だった故開高健氏は、カクテルを飲むときには「ワン・アンド・オンリーで」マティーニだったという。釣り人にとってのフナのような存在である。

デキる客に見られるコツのその二。連れの好みをバーテンダーと相談してオーダーした後、自分の注文はマティーニで通す。シンプルにして効率的な見栄の張り方である。

マティーニはジンをベースにベルモット（ニガヨモギなどの香草で味付けしたフレーバード・ワイン）を加えたベーシックなカクテル。中にオリーブを入れ、オレンジの皮（ピール）の苦みを少々効かせる。オリーブはもちろん食べてもいい。楊枝がついていたら、食べたあとはグラスのわきに置いておこう。

また、このカクテルはシェーカーでシャカシャカと振るのではなく、ミキシンググラスで混ぜ合わせて作る。もっともバリエーションはそれこそ無限で、マティーニには三〇〇近いレシピがあるという。

いわゆるドライマティーニに限っても、ベースに使うジンはギルビーに限る、いやビフィーターだタンカレーだと、マティーニ・スノッブの議論は尽きない。さらにベルモットとの比率を語らせればきりがない。マティーニとはそれほど奥の深い飲み物なのだ。

そういえば著名な人物で、やはりマティーニに一家言《いっかげん》ある人がいた。彼のマティーニの注文は常にこうだ。

「ウォッカベースのマティーニ。ステアじゃなくシェイクで」

注文主の名前はジェームス・ボンドである。

ブランデーの「ナポレオン」はどんなメーカー？

「サントリー・オールド」がお父さんたちの憧れ、高嶺の花だった三〇年ほど前、スコッチ「ジョニー・ウォーカー」のブラックラベルといえば一本一万円のお酒。超高級品の代名詞のような存在だった。いまではこの酒も三〇〇〇円以下で買えるようになって、かつてのご威光は見るかげもない。

その当時「ジョニ黒」といわれたこのスコッチと高級感を二分していたのが、ブランデーの「ナポレオン」である。

ブランデーは果実酒を蒸留したもので、いちばんポピュラーなのはもちろんグレープ・ブランデー、いわばワイン焼酎である。なにしろ「ブランデー」という言葉の語源は「ワインを焼いたもの」で、まさしく「焼酎」そのものだ。

数あるブランデーでも最高級とされるのは、やはりフランスのコニャックやアルマニャックということになる。もちろんどちらもフランスの地方の名である。もういやというほど出てきたＡＯＣ（原産地統制呼称）により、その基準を満たしたものだけが名乗ることのできる名前だ。これにカテゴライズされない製品は、純粋なフランス産のブランデーであっても、その呼称は単に「フレンチ・ブランデー」となる。

さて、ブランデーでいちばん格上とされるコニャックには、もちろん数多くのメーカーがある。トップメーカーはヘネシー、次いでレミーマルタン、さらにマーテルと、おなじみの名前が続く。コニャックの大手メーカーのほとんどは、ブドウ畑を所有してはいるものの、それだけではとても生産量に足りないため、日本酒でいうところの原酒の「桶買い」を行なっている。

ボルドーワインのシャトーがブドウの生産から一貫して行なう「生一本」の醸造者であるのに対し、ブランデーのコニャックの製造者は、蒸留所というよりはブレンド業者的な色合いが濃いのである。

さて、それでは肝心の「ナポレオン」はコニャックなのだろうか。答えはイエスである。そしてアルマニャックにもフレンチ・ブランデーにも、ナポレオンは存在する。ナポレオンとは会社の名前でも製品名でもないからだ。

ブランデーのナポレオンは、熟成の度合いを表す符号の一つである。コニャックの場合、ブレンドされた原酒のいちばん若いものの熟成が二年以上でないと販売することはできない。二年古酒の呼び名は「☆☆☆（スリースター）」である。そして、四年以上のものは「ＶＳＯＰ」、六年古酒以上になると「ナポレオン」「ＸＯ」などの呼び名を使うことができるようになる。

メーカーによっては「ナポレオン」というクラスを置かないところもあるが（コニャックの上位三社もそうだ）、クラスを表す呼称を四種類揃えた会社の場合は、若い順から☆☆☆→ＶＳＯＰ→ナポレオン→ＸＯとなることが多い。

アルマニャックもコニャックと同様の基準があるので、ナポレオンはその会社ではかなり格上のブランデーということになる。ただし、フレンチ・ブランデーにはこうした基準は存在しない。「ナポレオン」だの「ＸＯ」だの名乗っていても、単なる景気づけにすぎないことが多いのでご用心を。もちろんぐっとお安く買えるのは、こうした「なんちゃってナポレオン」だ。

変わり種ブランデーあれこれ

果実酒を蒸留したものがブランデー。ということはグレープ・ブランデー以外にも、他の果実を原料としたブランデーは存在する。サクランボから造ったキルシュやアンズから造ったアプリコーゼンガイストなどはよく知られるところ。総称としてはフルーツ・ブランデーである。

フルーツ・ブランデーの中でも別格で、コニャックやアルマニャックと肩を並べられる高級品も目白押しなのが、やはりフランスの「カルヴァドス」だろう。こちらはリンゴのブランデーだ。古酒ともなると三〇年ものや三五年ものなどもあり、味もお値段もしっかりしている。

カルヴァドスのボトルには、中にリンゴの実が丸のまま入ったものもある。こちらはリンゴを入れてからボトルの底を接着した安易なタイプ（?）と、リンゴの実が小さいうちに、ボトルを樹にくくりつけて中でリンゴを大きくした本格派の両方があり、いずれにせよ遊び心が感じられる。とはいえカルヴァドスの最高級品にはこうしたタイプは少ない。

遊び心優先の製品である。

また、ブドウを原料としたブランデーではあるが、ブランデーのためにブドウの醪《もろみ》を仕込むのではなく、ワインを造るために搾った残りのブドウを再発酵させた、いわばカストリ・ブランデーも造られている。これをフランスではマール、イタリアではグラッパと呼ぶ。グラッパは基本的に熟成させずに瓶詰めするので無色透明。グラッパには凝ったボトルが多いのも特徴だ。

マールはブランデーと同様に樽で熟成させる。いずれにせよ「カストリ」という、ややマイナーなイメージがつきまとうが、なかには「ロマネ・コンティ」の搾りかすで造ったマールというゴージャスな製品もある。実際の味わいは、やはり高級なコニャックをもしのぐ素晴らしさだと評価されている。

世界最強のウォッカは

スピリッツとは蒸留酒のこと。だからブランデーもウイスキーも日本の焼酎もスピリッツの一種である。その仲間には「世界四大スピリッツ」と呼ばれるものがある。それがウォッカ、ラム、テキーラ、ジンの四つである。

ウォッカはもちろんロシアの酒だ。ドストエフスキー、トルストイといった文豪の作品にも登場するし、カスピ海のキャビアの友としても最良の酒。では世界ナンバーワンのウォッカのメーカーはどこだろう。それは「スミノフ」である。いかにもロシアっぽい名前だが、実はアメリカの会社なのだ。元々スミノフは一九世紀の初めにロシアで興ったのだが、一九一七年のロシア革命でオーナーがパリに亡命し、その製造と販売権を買い取った人間がアメリカで生産するようになったのである。

生産量世界一は譲っても、強烈さではロシアがいちばん——ともいかない。アルコール度数が世界最強なのは、ポーランド産のウォッカ「スピリタス」だ。その度数は実に九六度。消毒に使ってもなんら問題なさそうである。もちろんストレートで飲むのは命懸け。煙草も近くでは吸いたくない、とても飲み物とは思えないようなものすごい酒である。

連続式蒸留で造られた、焼酎甲類そのものなのがウォッカで、無色透明無味無臭が売り。だが、なかにはさまざまな香り付けをされた、珍しいタイプのものもある。レモン・ウォッカやトウガラシ味のペルツォフカはロシア産。ポーランドには本物の香草がボトルに入ったズブロッカというウォッカもある。ラベルの野牛（ズブラ）のマークが目印だ。

解熱剤として発明されたスピリッツ

カクテルの王様・マティーニのベースとなるジンは穀物から造った蒸留酒に杜松《ねず》の実（ジュニパー・ベリー）を浸し、さらに蒸留して造られる。ではこのジンは、どこで生まれたお酒でしょう。実は意外な役割を担って生み出された不思議な歴史を持っている。

ジンの発祥の地はオランダである。一七世紀の後半、ライデン大学医学部の教授だったシルヴィウスが、利尿、解熱、健胃剤として売り出したのだ。お酒ではなく薬。養命酒みたいな薬酒としてスタートを飾ったのである。

オランダでは「ジュニエープル」とか「ジュニパー」と呼ばれたジンは、もちろんイギリスで大衆の間に普及する。そのきっかけとなったのは、オランダ出身で、のちにイギリス国王になったウィリアム。ジンは彼と共に英国に渡ったのである。ちなみに「ジン」という言葉は、オランダ語の「ジュニパー」をイギリス風に縮めたものだ。

イギリスに渡ったジンは、ここで次第にドライに洗練されていった。利尿剤や解熱剤を洗練させる必要もないだろうから、イギリスでは薬ではなく嗜好品、飲料としての需要を増していったのだ。ただし産業革命以前には、共働きの労働者が小さな子どもに手がかからないよう、寝かしつけるためにジンを赤ん坊に飲ませていたとの、とんでもない記録もある。

一八世紀にイギリスで発達したドライタイプのジンは、二〇世紀になると大英帝国に変わって世界の覇権を握るようになったアメリカでカクテルのベースとして再評価され、さらに発展を遂げて今日に至っている。だからジンのことを「オランダで生まれ、イギリスで育ち、アメリカで成功した酒」ということもある。

ちょっと変わり種のアメリカ大陸スピリッツ

四大スピリッツの残り二つはラムとテキーラ。いずれもアメリカ大陸生まれの酒で、原料が穀物ではないのが特徴だ。

ラムはカリブ海の西インド諸島で生まれたスピリッツ。海の男、もっとはっきりいえば海賊の酒として名を馳せた。原料は砂糖をとったあとのサトウキビの残り汁。つまり廃糖《はいとう》蜜《みつ》である。

コロンブスがアメリカ大陸に到達したのは一四九二年。アメリカ先住民から見れば、それ以降の歴史はヨーロッパ人による収奪と侵略の連続である。コロンブスが新大陸から持ち帰ったものとして「煙草と梅毒」が挙げられることがある。トウガラシなどのスパイスも、マヤやインカの黄金も、ヨーロッパ人は容赦なく持ち帰ってしまった。

ところでラムの原料となるサトウキビは元々ニューギニアが原産とされる。こちらは逆にヨーロッパ人によって南米に伝えられた植物なのだ。気候が栽培に最適だったため、サトウキビによる砂糖の精製は、たちまち西インド諸島やキューバの主要な産業になっていった。

ラムの起源は一七世紀頃とされる。それが世界に広まっていったのは、悪名高い三角貿易のせいである。三角貿易とは一七～一八世紀にかけて、英国の綿織物、西インド諸島の砂糖、アフリカの奴隷をやりとりした植民地政策の一環である。いまでは洗練された酒としてそのまま飲まれることもあるし、カクテルのベースとしてもすっかり定着しているラムだが、大英帝国の光と影を知り尽くしたスピリッツでもある。

さて、残る一つはテキーラである。もちろんメキシコが誇る名酒だ。「サボテンから造られる酒」として一部では有名なテキーラだが、原料はあのトゲトゲのサボテンとは少し異なる。使われるのはリュウゼツラン（竜舌蘭）の茎の部分である。リュウゼツランは日本でも、九州などの南部の地方で見ることができる。サボテンというよりは巨大なアロエのような植物だ。

テキーラは四大スピリッツの中ではもっとも新しい酒である。一説では一八世紀の中頃、メキシコで大きな山火事があり、焼け跡に残った焦げたリュウゼツランからいい匂いが漂っていたという。よく調べてみると中の樹液が糖化していたというのである。それをきっかけにしてリュウゼツランの糖化が始まり、一八世紀の後半からテキーラが蒸留酒として製造されるようになったという。

とはいえリュウゼツランの焼酎自体は、メキシコではそれ以前から造られていたようで、山火事発生説はネタとしては上出来だが、史実としては少々怪しい。

ちなみにテキーラとは地名である。メキシコのハリスコ州テキーラ郡というのが正式な名前で、ここで造られるリュウゼツラン焼酎が上質だと有名になったことから、特にテキーラの名をつけるようになったのだ。そう、原産地呼称というやつだ。

とはいえフランスのAOCほどは厳密ではないようで、テキーラ周辺でとれるアガベ・アスール・テキラーナという品種のリュウゼツランを原料にして、ハリスコ州とその周辺、あわせて五州で造られたものが「テキーラ」を名乗ることを許されている。それ以外のリュウゼツラン焼酎は「メスカル」と総称する。

テキーラがメジャーになったきっかけは二つある。まず一九四九年にアメリカで開催されたカクテルコンクールで、いまやおなじみのショートカクテル「マルガリータ」が入選を果たしたこと。マルガリータという名の恋人を狩猟中の事故で亡くしたジャン・デュレッサーが、彼女を偲んで考案したものだ。

そして一九六八年のメキシコオリンピックでメキシコが世界の注目を集めると、代表的なスピリッツであるテキーラも世界に広まっていくことになった。メジャーになってからまだ四〇年ほどの若々しい酒である。

紹興酒が示す東洋のおおらかさ

四〇〇〇年の歴史を誇る中国は、もちろん酒の製造でも世界最古の地域の一つである。そして中国の名酒といえば、まず晩餐会の乾杯などで用いられるマオタイ酒が挙げられる。こちらは度数も五〇度を超える強烈な酒。もちろん蒸留酒である。ちなみに日本では、乾杯といってもグラスに形ばかり口をつければOKだが、本来の乾杯は、文字どおり杯を空にする飲み方である。もちろんイッキで。

ロシアのウォッカも中国のマオタイ酒も、ショットグラスほどの小さな器で飲むのが常。飲み方はもちろんストレートである。そして宴席ではことあるごとに理由をつけては乾杯を繰り返す。

「両国の友好のために」あたりから始まって、「○○先生の健康を祝して」「美しいご婦人のために」など、いろんな名目をこじつけてはそのたびにグラスを空にしていく。故周恩来首相は、いくら乾杯を重ねても乱れない酒豪としてもつとに知られていた。国家の首脳は酒にも強くなければならないようだ。

中国での酒の分類は、大きく白酒《パイチュウ》と黄酒《ホアンチュウ》に分けられる。白酒はマオタイ酒などの蒸留酒で、原料はコーリャンや米、トウモロコシなどの穀物だ。

これに対する黄酒はもちろん醸造酒。原材料としてはもち米や粳米《うるち》などの米類が主なものとなる。中国の黄酒の場合、上質なものは三年以上貯蔵してから出荷されるのが普通である。そして熟成された黄酒の呼び名が、よく知られた「老酒《ラオチュウ》」なのである。

また中国きっての酒どころは浙江省《せっこう》である。特に紹興という町が名酒の産地としてつとに名高い。だから「紹興酒《しょうこうしゅ》」とは、日本に置き換えれば「灘酒」のような、本場の名酒を意味する言葉となる。黄酒の上等なものが老酒。老酒でも名醸地の紹興で造られたものが、紹興酒として珍重される。そういう構図である。

ところが東洋の社会は、ヨーロッパほど原産地呼称に厳格ではない。紹興酒という言葉はいつしか名酒の代名詞となり、台湾産の老酒にも「紹興酒」を名乗るものがいくつもある。これは「北海道産の灘酒」というような、どう考えたって奇妙な呼称なのだが、さして気にする様子もないのは東洋的なおおらかさの現れなのだろうか。

日本で中国酒を出す店で、銘柄を指定せずに老酒と紹興酒がメニューに載っている場合には、上質（つまり値段の高いほう）を紹興酒と称しているのが一般的である。ところが東京の気さくな中華風の酒場で、両者を同じ値段で出している店があった。台湾産と中国産を峻別《しゅんべつ》しているのか。それとも何か、さらなる深い理由があるのか。気になった客が両者の違いを尋ねてみると、中国人の店主からは明解な返答があった。

「ああ、これネ。両方とも同じヨ」

やはり大人の国の酒はおおらかに楽しむのが流儀のようである。

【参考文献】

『日本の酒』（坂口謹一郎著／岩波書店）
『古酒新酒』（坂口謹一郎著／講談社）
『日本酒全蔵元全銘柄』（主婦と生活社）
『酒の話』（小泉武夫著／講談社）
『日本酒』（秋山裕一著／岩波書店）
『日本酒がわかる本』（蝶谷初男著／ちくま文庫）
『日本酒おもしろ百科』（日本の酒情報館）
『日本酒読本』（日本の酒情報館）
『全国日本酒銘柄マップ』（日本酒造組合中央会）
『唎酒師必携』（右田圭司監修／柴田書店）
『これだけ知ればサケのプロ』（永山久夫監修／チクマ秀版社）
『世界の酒』（坂口謹一郎著／岩波書店）
『地球ビール紀行　世界飲み尽しビール巡礼』（村上満著／東洋経済新報社）
『世界のワイン&チーズ事典』（岩野貞雄監修／飛鳥出版）
『洋酒事典』（岩野貞雄監修／日本文芸社）
『焼酎の事典』（菅間誠之助編著／三省堂）
『ワインの基礎知識』（アカデミー・デュ・ヴァン監修／時事通信社）
『のどがほしがるビールの本』（佐藤清一著／講談社）
『現代焼酎考』（稲垣真美著／岩波書店）
『本格焼酎・泡盛ガイド』（金羊社）
『焼酎大全』（主婦の友社）
『ワイン道』（葉山考太郎著／日経BP社）
『ワイン　味わいのコツ』（田崎真也著／柴田書店）
『ワイン紀行』（増井和子著／文藝春秋）
『ワインがわかる』（マット・クレイマー著／白水社）
『Wine Savvy　ワインが楽しい』（ハイディ・ヨークシャー著／曜曜社出版）
『飲んで識るイタリアワイン』（田崎真也著／柴田書店）
『飲んで識るフランスワイン』（田崎真也・高橋時丸著／柴田書店）
『ワインの時間』（玉村豊男著／世界文化社）
『秘密のワイン造り』（青海遙著／雄鶏社）
『世界の名酒事典』（講談社）
『日本の名酒事典』（講談社）
『中国の名酒一〇〇選』（今戸榮一著／徳間書店）
『うまい地ビールの見つけ方』（メディアユニオン編／実業之日本社）
『世界の地ビールセレクション』（ナヴィインターナショナル編／大泉書店）
『手づくりビール工房』（増山邦英著／ハート出版）
『手づくりビール教本』（赤澤泰著／創森社）
『ウイスキー銘酒事典』（橋口孝司著／新星出版社）
『ケンタッキー・バーボン紀行』（東理夫著／東京書籍）
『間違いだらけのウイスキー選び』（平沢正夫著／三一書房）
『カクテル・カタログ』（成美堂出版）
『毛利隆雄のカクテル・ブック』（毛利隆雄著／光風社出版）
『BARレモン・ハート　カクテル大事典』（古谷三敏・稲保幸著／双葉社）
『BARレモン・ハート　酒大事典』（古谷三敏著／双葉社）
『お客に言えない「ラベルの中身」』（ハイパープレス著／青春出版社）
『独り暮らしのワンルーム養殖場の聞き方』（非日常研究会著／同文書院）
『東京のBar』（枝川公一・西脇清美著／プレジデント社）
『魯山人味ごよみ』（平野雅章著／廣済堂出版）
『魯山人料理控』（平野雅章著／廣済堂出版）
『ワインと料理　おたのしみ自由自在』（田崎真也著／青春出版社）
『チーズの本』（淡交社）
『酒の肴』（中島久枝著／PARCO出版）
『日本人が食べたいほんもの』（向笠千恵子著／新潮社）
『酒のつまみは魚にかぎる』（学研）
『美食術』（ジェフリー・スタインガーデン著／文藝春秋）
『特選街』（マキノ出版）
『danchu』（プレジデント社）
『pen』（TBSブリタニカ）

【著者紹介】
居酒屋友の会（いざかやとものかい）
ビール、日本酒、焼酎、ワイン、ウイスキー……ジャンルにこだわらず世界中の酒と肴をこよなく愛するサークル。モットーは「居酒屋で、安く、美味しく、気分よく」。酒のつまみはもちろんウンチク。

※本書は『いらっしゃいませ！　雑学居酒屋「酒」と「つまみ」のおいしいウンチク』（PHP研究所、2002年）を元に再構成したものです。

装丁：赤谷直宣
本文デザイン・DTP：Studio GICO（中山義幸）
本文イラスト：松岡力
企画制作：株式会社ゴーシュ

酒とつまみのウンチク

2009年2月23日　第1版第1刷発行

著者　居酒屋友の会
発行者　江口克彦
発行所　PHP研究所
東京本部　〒102-8331　千代田区三番町3番地10
ビジネス出版部　☎03-3239-6257（編集）
普及一部　☎03-3239-6233（販売）
京都本部　〒601-8411　京都市南区西九条北ノ内町11
PHP INTERFACE　http://www.php.co.jp/

印刷所　図書印刷株式会社
製本所　東京美術紙工協業組合

ISBN978-4-569-70622-1